VIÊT NAM !

UNE ÂME DE RÉSILIENCE

1

Résonance psychologique à travers quatre œuvres Francophones

Dr. Stella Regi ELIAH

Daniel FATNA

Viêt Nam ! Une âme de résilience - 1, Résonance psychologique à travers quatre œuvres francophones.

Publié par : Stella Regi ELIAH

Imprimé en INDE

Édition : 1

ISBN : 978-93-342-2960-8

DÉDICACE

- ***À ma mère et Aux victimes des traumas de guerre***

Ce livre, Viêt Nam ! Une âme de résilience est tirée de ma thèse de littérature mais la genèse de cette thèse et du présent ouvrage se situe dans mon histoire personnelle et familiale. C'est la lecture de roman Riz noir d'Anna Moï qui m'a interpellée. À travers la découverte de cette œuvre qui exprime l'impact humain et écologique de la guerre fratricide, Nord Vietnam contre Sud Vietnam, avec l'implication de l'intervention américaine, je me suis questionnée sur moi-même et sur ma mère. J'ai remémoré et revisité des évènements familiaux connus oralement et refoulés depuis mon enfance. C'est le vécu effrayant et le ressenti traumatique mémorisés par ma mère qui est une survivante de la guerre civile. Tamoule d'origine Sri Lankaise, elle s'est réfugiée en Inde du Sud depuis 1983, suite aux violents débordements des affrontements entre les Tigres Tamouls insurgés et les forces régulières de Ceylan. Dans certaines circonstances d'insécurité de la vie courante, sa conscience est envahie et perturbée par des réminiscences intrusives qui troublent la vie familiale. À un niveau plus personnel, s'ajoute la mémoire traumatique liée à ma propre expérience d'enfance qui fait de moi aussi une victime de la guerre du Sri Lanka. À l'âge d'un an six mois, j'ai vécu, réfugiée dans une cave pour échapper aux milices et j'ai grandi marquée par ce souvenir. Et, au début de l'année 2010, j'ai revécu les effets de ce conflit avec ma grand-mère maternelle, réinstallée à Singapour. Revenue au Sri Lanka après 40 ans d'exil, elle n'était plus en mesure d'identifier sa propre sœur restée sur place. Je médite d'ailleurs de mettre en mots ces expériences prégnantes à travers une forme d'invention littéraire qui serait bénéfique. La rédaction de la thèse et la publication du présent ouvrage aident à mieux embrasser et maîtriser cette perspective. Je médite d'ailleurs de mettre en mots cette expérience prégnante à travers une forme d'invention littéraire qui serait bénéfique. La rédaction de la publication du présent ouvrage aident à mieux embrasser et maîtriser cette perspective.

PRÉFACE

Amie lectrice, ami lecteur,

À travers l'écriture, à travers la lecture, il est des récits qui transcendent les pages des livres pour toucher les fibres les plus intimes de l'âme humaine.

"Viêt Nam - Une Âme de Résilience est l'écriture d'un parcours de lecture à travers quatre récits de ce type. Dans cette exploration littéraire particulière, nous naviguons dans les profondeurs patrimoniales de la résilience d'âme vietnamienne, via les plumes talentueuses de quatre écrivaines francophones de la diaspora. Tel un sonar psychologique, en immersion textuelle, notre fraternelle sensibilité au besoin cruciale et au désir vital de la résilience chez l'être humain psychiquement violente est entrée en résonance avec Anna Moï dans Riz noir, Kim Thúy dans Ru, Kim Doan dans Sur place et Linda Lê dans Kriss.

L'oxygène de cette plongée intra-textuelle est généré par la thèse de « Doctor of Philosophy in French », soutenue avec succès par Stella Regi ELiah sous la guidance de Dr C. Thirumurugan, en 2016, au « Department of French » de l'Université de Pondichéry en Inde du Sud, Dépassement de la mémoire traumatique liée à l'Offensive du Têt : parcours à travers quatre romans d'écrivaines francophones d'origine vietnamienne.

Autour de cette approche du phénomène de résilience, notre présent ouvrage se veut un hommage légitime à l'esprit indomptable d'un peuple et à sa capacité à se relever face à l'adversité. Le Vietnam, une nation phénix qui a enduré des siècles de bouleversements environnementaux, de conflits et de défis, de relèvements et d'ajustements, vibre, incontestablement en effet, d'une âme intégrale de résilience. Cette âme de résilience vietnamienne nous est apparue incarnée et personnifiée dans la quadruple expression romanesque précitée.

Dans les phases narratives de ces textes, nés pourtant de l'exil, semblent être exaltées de multiples facettes de cette typique résilience vietnamienne, qu'elle soit psychologique, écologique, anthropologique ou linguistique. Alors, les pages qui suivent sont aussi un hommage à ces quatre écrivaines qui, bien qu'elles soient partisanes de l'expatriation, avec l'adoption d'une nationalité autre et une réinsertion socio-culturelle, ont sauvegardé leur personnalité et leur capacité à exprimer l'identité résiliente du Vietnam dans leur écriture.

Nous proposons donc d'explorer avec elles cette âme de résilience vietnamienne, à travers notre ensemble de quatre ouvrages successifs :
Tome 1. Viêt Nam ! Une âme de résilience, Résonance psychologique à travers quatre œuvres francophones : - Comment la résilience psychologique de l'âme vietnamienne s'est manifestée dans les quatre histoires singulières de vies brisées et re-enfantées.
Tome 2. Viêt Nam ! Une âme de résilience, Résonance écologique à travers quatre œuvres francophones : - Comment la résilience écologique du pays du dragon trouve son écho dans l'évocation des paysages et les milieux mis en pages dans les quatre récits.
Tome 3. Viêt Nam ! Une âme de résilience, Résonance historique à travers quatre œuvres francophones : - Comment la résilience anthropologique qui imprègne l'histoire du Vietnam imprime sa trace dans les pistes intimes de ces quatre narrations littéraires qui font référence à l'offensive pivot du Têt en 1968.
Tome 4. Viêt Nam ! Une âme de résilience, Résonance linguistique à travers quatre œuvres francophones : - Comment la résilience linguistique patrimoniale vietnamienne a transféré et incorporé sa virtualité dans la langue française pourtant implantée par la colonisation et la reflète dans les quatre créations narratives.

À travers cette exploration littéraire, nous proposons de percevoir en quoi la résilience s'exerce, telle une force d'âme unificatrice qui relie le Vietnam et ses habitants, sur place et en dehors, dans une quête tant communautaire que personnelle de survie, de restauration et de renouveau. Sans se confiner à cette dimension, ces quatre écrivaines francophones, natives du Vietnam demeurent, depuis et malgré l'émigration, des porte-paroles d'une entité qui a surmonté des difficultés insurmontables et qui continue à avancer, entière, avec courage et détermination en s'adaptant à la modernité.

Alors en tournant les pages de ces ouvrages, nous vous invitons à vous immerger dans certains épanchements de l'âme Vietnamienne. Cette âme qui, au-delà de la fiction, respire au sein des récits poignants qui font mémoire des traumatismes, des douleurs, des luttes, des espoirs, cette âme qui conscientise la victoire pour des personnages qui portent en eux les personnes qu'ils mettent en scène. Leur résilience ne se dramatise pas seulement comme une réponse vietnamienne à l'adversité, mais aussi universellement comme une expression-témoin de la commune source inépuisable de ressources humaines intérieures qui s'amoncelle et jaillit dans les moments les plus arides. Au-delà des orientations idéologiques de chacun, nous espérons que le partage de ce parcours de lecture au sujet de la constance de résilience qui anime l'âme vietnamienne dans sa diversité et sa singularité jusque dans l'extraterritorialité vous insuffle et vous inspire la confiance dans l'intra-potentialité humaine et la conscience de votre propre vertu intérieure de renaissance avec certaines de ses modalités.

Avec gratitude,

Dr. Stella Regi ELIAH, Auteure Daniel FATNA, Co-auteur

Il n'y a pas de situations désespérées, il n'y a que des hommes qui désespèrent des situations.

- Proverbe Vietnamien

CHAPITRE - 1

Quatre forces clés pour pister quatre quêtes de résilience

Dépassement de la mémoire traumatique liée à l'Offensive du Têt : Parcours à travers quatre romans d'écrivaines francophones d'origine vietnamienne. Tel est le titre, le thème de la thèse de doctorat citée en préface et qui donne les fils de trame et les fils de chaîne dans le tissage du présent ouvrage. Le vocable de dépassement évoque l'actualisation réelle et/ou littéraire de l'aptitude humaine à la résilience.

1.1. Ame vietnamienne et quête de résilience

1.1.1. Quadrige actantiel piloté vers la résilience

La résilience transparaît donc comme la notion-support qui sert de ressort et de fil conducteur à ce parcours de lecture. Une référence symbolique et particulière au schéma actanciel de A. J. Greimas, (1966) destinateur - sujet - quête - objet - destinataire - opposant - adjuvant, peut nous permettre de schématiser et systématiser notre perception globale de la quête de résilience mise en mots dans les quatre textes narratifs parcourus. Nous y relevons quatre forces capitales en présence, quatre forces orchestrées narrativement dans une interaction conflictuelle en vue de la résilience.

La première force, agissante et persévérante, c'est l'âme vietnamienne avec ses potentialités et ses valeurs patrimoniales sur fonds universel d'humanité.

La seconde force, active et nocive, est l'agression traumatique et sa violence perturbatrice. La troisième force, intrusive et émotive, est la mémoire traumatique ou simplement sa menace avec l'envahissement morbide et récurrent de la conscience. La quatrième force, verbalisatrice et libératrice, est l'écriture littéraire psychothérapique avec ses virtualités de médiation artistique. Nous choisissons ici de dire écriture psychothérapique ou thérapique pour parler de libre et pleine création littéraire (à l'instar de nos quatre œuvres) qui cependant mettrait en œuvre à la fois une évocation et une évacuation, un dépassement des souvenirs traumatiques, un processus psychologique de résilience hors encadrement d'intervenant psy.

Nous réservons la formulation d'écriture thérapeutique ou psychothérapeutique à la procédure curative d'écriture accompagnée qui sera abordée aux chapitres 3 et 4 et qui nourrira notre approche analogique de l'écriture littéraire autonome dite thérapique ou psychothérapique dans *Riz noir, Ru, Sur place* et *Kriss.*

À partir de cette identification des quatre forces que nous choisissons de systématiser et de privilégier dans notre parcours, nous pouvons avancer leur répartition fonctionnelle, leur rôle actantiel vers la résilience. La résilience, elle, se révèle, pour nous, comme figurant l'objet, l'objectif central des quatre quêtes narratives de l'âme vietnamienne dans les œuvres francophones : Riz noir d'Anna Moï, *Ru* de Kim Thúy, *Sur place* de Kim Doan et *Kriss* de Linda Lê.

L'âme vietnamienne, personnifiée à travers les protagonistes phares des quatre récits, prise, donc, dans sa dimension collective et individualisée, tient la fonction de sujet sur l'axe du désir, du vouloir. Cependant il faut aussi la lire comme jouant le double rôle de destinateur et de destinataire de la quête de résilience. Toutefois, considérant l'axe de la communication, du savoir, nous pourrions attribuer à la résilience traditionnelle vietnamienne elle-même cette position intrinsèque de destinateur. Mais nous nous tenons à notre carré initial de forces.

Dès lors, sur l'axe du pouvoir, nous interprétons l'agression traumatique et la mémoire traumatique comme remplissant la fonction d'opposant à la résilience. Et, l'écriture narrative psychothérapique à travers ses différentes démarches se présente, elle, dans le rôle actanciel d'adjuvant au service de l'âme vietnamienne en poursuite de résilience.

L'âme vietnamienne, la violence traumatique, la mémoire traumatique, l'écriture littéraire thérapique, ces quatre forces en interaction narrative scripturalement orchestrée vers la résilience, constituent, avec cette dernière, les composantes majeures en jeu dans notre parcours interprétatif. Elles sont à préciser et à explorer dans ce premier chapitre en commençant par la notion de résilience.

1.1.2. Définition transversale de la résilience

Réponse de plus en plus mise en avant face aux perturbations traumatisantes de l'existence, le concept de résilience vient des sciences physiques où il désigne la capacité d'un matériau à absorber l'énergie d'un choc. À partir des apports de B. Cyrulnik, J. Lecomte et S. Vanistendael entre autres, une définition transversale de la notion de résilience, en sciences sociales, a été proposée. Selon un document de la Fondation pour l'enfance publié à Paris en 2000, avec la participation de M. Manciaux, « *La résilience est la capacité d'une personne ou d'un groupe à se projeter dans l'avenir en dépit d'événements déstabilisants, de conditions de vie difficiles, de traumatismes parfois sévères* » (Manciaux, 2000). Cette conception intègre donc les dimensions individuelles et collectives voire communautaires.

La grille de lecture actuelle est encore plus large car elle peut appliquer l'interprétation de résilience à quasiment tout organisme ou toute organisation. La résilience est alors la potentialité pour un système quelconque de dépasser les perturbations déclenchées par un ou divers agents afin de rétablir une fonctionnalité correcte. De manière transversale, cette dynamique de résilience peut s'investir et s'exprimer dans différents domaines : psychologique, anthropologique, historique, écologique, économique, social, familial, culturel… et à travers l'écriture, littéraire ou non.

1.1.3. Connexion résilience, littérature, Vietnam

Ainsi, dans le domaine de la littérature écrite, langages et images, espace de notre parcours de lecture, cette faculté salutaire d'absorber et de résorber, de ne pas faillir et de rejaillir, de rebondir et de repartir à travers le phénomène de résilience nous amène au symbole légendaire du phénix. Oiseau mythique qui renaît sans cesse de ses cendres, la figure du phénix est en connexion profonde avec l'art en général et la littérature en particulier.

Figure originaire d'Egypte, sa renaissance flamboyante persiste à émerger des textes depuis les temps antiques, avec les Métamorphoses d'Ovide (Ovide, 2006) par exemple, jusqu'à l'époque contemporaine, avec Le phénix du poète Paul Eluard

(Eluard 1951) entre autres. Or, le phénix/Phuong est avec le dragon/Long, la tortue/Qui et le lion/Ly ou la licorne/Ky Lan, une des quatre créatures sacrées dans la culture traditionnelle du Vietnam. Phoenix, vitalité-beauté-sérénité-prospérité, est un prénom féminin de grand choix qui s'énonce Phuong ou Loan en vietnamien et se formule Hoang pour les garçons. Loan est d'ailleurs le prénom de l'héroïne, confrontée aux souvenirs traumatiques, dans *Sur place* de Kim Doan. Et, l'amie, la sœur, le double, l'inspiratrice et conseillère en résilience dont elle fait l'heureuse connaissance se prénomme Phuong.

Ainsi, avec les trois autres animaux emblématiques qui portent eux aussi des signifiés liés à la vertu de résilience, le phénix, incandescence-magnificence-renaissance, est une des références patrimoniales des croyances populaires de l'âme vietnamienne et des représentations de sa pensée savante. En effet, à un niveau plus élevé, valorisé et officialisé, au célèbre et honorable Temple de la Littérature, qui héberge la première université vietnamienne à Hanoi, dans sa quatrième cour, espace du véritable temple, des sculptures de bronze gravé figurant des phénix ornent, à côté des dragons et des tortues, le Grand Pavillon de Cérémonie. Alors, qui dit résilience, donc, dit aussi phénix et qui dit phénix dit non seulement médiation et création littéraires mais aussi Vietnam et expression littéraire de l'âme vietnamienne.

1.1.4. Entité Vietnam, âme corps et esprit de résilience

En systématisant notre regard, nous avons énoncé l'âme vietnamienne comme la principale des quatre forces en interaction dans l'activation du processus de résilience psychologique dans les quatre narrations examinées. Plus précisément nous l'avons distinguée, dans sa dimension à la fois communautaire et personnalisée, riche et diversifiée, comme tenant les trois fonctions de destinateur, sujet et destinataire de la quête poursuivie. Il convient ici de mieux spécifier cette notion d'âme, pour faire partager notre point de vue. Bien sûr nous n'ignorons pas que l'idée d'âme qui est portée dans la sphère mentale occidentalisée n'a pas de pleine correspondance avec les conceptions vietnamiennes qui se réfèrent à des instances psychiques plurielles.

Nous laissons aussi en suspens l'empreinte idéologique et officielle du socialisme dans le pays. Avec le CNRTL (Centre National de Ressources Textuelles et Linguistiques), nous considérerons le concept d'âme d'un peuple comme l'ensemble des dispositions subjectives communes aux membres d'un groupe humain et caractéristiques de ce groupe.

Au niveau de l'être humain, vu comme doté personnellement d'une âme, principe vital et siège de l'activité psychique consciente, inconsciente et même sur-consciente, il y a l'espace de l'expression individuelle d'une âme collective. Au Vietnam, au-delà des fragilités individuelles, par osmose, les virtualités du substrat ancestral, la vivacité des racines psychologiques communes, la vigueur des valeurs culturelles patrimoniales peuvent mobiliser des sentiments et des comportements de puissance et d'invincibilité.

Dans les pages de notre choix de quadruple parcours au sein de la littérature franco-vietnamienne, le pays Vietnam se dévoile comme un univers fascinant et vivace. C'est un espace-vie tissé de résilience qui se révèle à travers une diversité singulière mais solidaire d'écritures et de voix narratives. Ainsi, au mitan même de ce tissage littéraire différencié, la vibration résiliente de l'âme vietnamienne émane comme une potentialité toujours mobilisable. Qui plus est, dans le domaine du réel, cette âme-Vietnam, à la fois collective et personnalisée qui nous est évoquée dans la fiction, anime manifestement un corps physique global qui symboliquement lui correspond. Géographiquement en effet, le Vietnam physique se présente comme une contrée longiligne dessinant les contours d'un « *S* » ou plutôt d'un dragon, signe d'insubmersibilité, de persistance, de puissance et d'abondance. Les Vietnamiens se conçoivent d'ailleurs comme fils et filles du dragon. Cependant la dimension écologique de la résilience fait l'objet du tome 2 de notre parcours où elle est explorée.

De fait, ce joyau vietnamien, niché dans le coin sud-est de l'Asie et baigné par la mer de Chine méridionale, a beaucoup suscité les convoitises de communautés proches ou lointaines.

Aussi le Vietnam, en plus des catastrophes naturelles dévastatrices liées au climat et au relief (inondations, insectes, séismes…), a été la cible de siècles d'agressions traumatisantes et de conflits destructeurs : invasions, occupations, colonisations, partitions… Mais le caractère vietnamien semble historiquement pétri d'un esprit d'endurance.

Face à ces défis existentiels, le Vietnam, nourri des valeurs d'une identité riche et diversifiée, a fait preuve d'une force intérieure inébranlable. Il a démontré une incroyable capacité à résister et subsister, ressurgir et refleurir, et même à adopter et adapter les évolutions du monde moderne. Toutefois la composante anthropologique et historique de la résilience est développée dans le tome 3 de notre traversée littéraire.

C'est d'abord la résonance de la résilience exprimée textuellement dans le domaine psychologique que nous proposons, ici, d'examiner à travers ces quatre œuvres littéraires d'écrivaines francophones natives du Vietnam : *Riz noir* d'Anna Moï, *Ru* de Kim Thúy, *Sur place* de Kim Doan, *Kriss* de Linde Le.

La mise en avant de ces quatre écrivaines francophones originaires du Vietnam et membres de la diaspora est pour nous une mise en lumière spécifique d'un témoignage de résilience plus global dans la littérature francophone vietnamienne et dans la littérature écrite et orale de langue vietnamienne d'abord. Ce point sera développé dans le tome 4 qui abordera la résilience vietnamienne paradoxale de la langue du colonisateur.

À travers ce premier tome, nous invitons à apprécier le monde mémoriel et narratif de *Riz noir*, *Ru*, *Sur place* et *Kriss*. Nous invitons à partager comment, à notre sens, la mise en mots exprime et amplifie, dans la dimension psychique, la résilience singulière et séculaire de l'âme vietnamienne. Cette résilience se mobilise en lien avec les processus généraux de la résilience humaine. Dans les œuvres considérées, avec l'orchestration des quatre forces en jeu, elle s'incarne à travers le vécu de personnes concrètes, psycho-socialement et historiquement caractérisées.

1.1.5. Explorer les quatre forces pour pister la quête

Nous sommes en réception d'écriture littéraire, nous avons initialisé notre perception en termes de forces, schéma, fonctions, actants et principes. Mais nous abordons, avec la production romanesque, un domaine d'appréciation où abondent créativité, subtilité, affectivité, êtres pensants sensitifs, existences substantielles, vie intérieures, communications complexes épaisseurs relationnelles, situations chargées…

De fait, face à l'agression traumatique, au souvenir traumatique et au recours de l'écriture littéraire thérapeutique, ce n'est pas, sous la qualification d'âme vietnamienne, un sujet-concept, une entité désincarnée, collective et impersonnelle qui investit l'axe du désir de résilience. Nous avons bien des personnalités singulières, des identités de chair et de sang, d'émotions et de sentiments, de pensées et de jugements, de volonté et de liberté avec les limitations liées au milieu familial et socio-culturel d'enracinement. Ainsi, les sœurs rebelles Tan et Tao dans *Riz noir*, les deux vietnamiennes de l'étranger, Loan et son amie Phong dans Sur place, la narratrice-personnage-auteure, An Tinh et ses proches dans *Ru*. Si, dans Kriss, les protagonistes sont américains, l'intrigue est reliée à la Guerre du Vietnam et la tragédie autour de la mort du père est en résonance avec le drame familial de l'auteure d'origine vietnamienne, Linda Lê. Tout cela ressortira dans la présentation des écrivaines, des œuvres et dans l'analyse des processus de résilience aux chapitres 2, 3 et 4. Simplement, en priorisant l'âme vietnamienne comme sujet générique des quatre quêtes, nous acceptons, avec cohérence, que le modèle actantiel ne prend pas en compte la profondeur intrinsèque, la dimension personnelle, psychique, sociologique et historique de l'actant humain. Derrière et à l'intérieur de l'âme typique, sont donc mises en scène des âmes réelles, concrètes, particulières.

C'est donc en consentant à ces lignes de cohésion et de distinction, selon les référents retenus, que nous avons schématisé la connexion narrative Vietnam, traumatisme, résilience, et littérature, au seuil de ce cheminement interprétatif à travers les quatre œuvres proposées. Cette option nous invite à nous confronter à toutes les quatre forces catégorisées du conflit existentiel, l'âme vietnamienne, la violence traumatique, la mémoire traumatique et la création littéraire psychothérapique, en gardant à l'esprit le rôle actantiel de chacune dans la quête vers la résilience.

Donc, la résilience comme objet de quête, l'âme vietnamienne comme destinateur, sujet et destinataire de cette quête, la violence traumatique et la mémoire traumatique comme opposants à la dite quête et l'écriture littéraire thérapeutique comme adjuvant de l'âme vietnamienne pour cette même quête.

Vietnam ! une terre, des êtres de frêle apparence, un peuple au parcours, tumultueux et tragique mais avec une âme de résilience psychologique en résonance littéraire dans *Riz noir* d'Anna Moi, *Ru* de Kim Thúy, *Sur place* de Kim Doan et *Kriss* de Linda Lê, écrivaines ressurgies des violences excessives directes et indirectes de la guerre.

Pour découvrir et estimer la pertinence de cette quadruple perception textuelle, et en tenant à l'esprit l'interaction narrative des quatre forces, il nous reste à prendre en compte le phénomène du traumatisme psychologique qui se manifeste justement à travers les violences et agressions diverses dont les guerres et qui génère l'emprise récurrente de la mémoire traumatique. Car, ayant éclairci la vision de la résilience et de l'âme vietnamienne, il y a lieu d'éclairer aussi l'espace de compréhension de la violence traumatique, de la mémoire traumatique et de l'écriture thérapeutique.

1.2. De la violence traumatique à la mémoire traumatique

1.2.1. Violences, guerres et psycho-traumatisme

Si nous considérons sa définition proposée précédemment, la résilience est donc un phénomène fondamentalement psychologique. Et, de fait, vu notre parcours de lecture visant à évoquer la recherche de résilience intrinsèque dans les quatre œuvres franco-vietnamiennes retenues, nous ne pouvons évacuer la dimension psychique. Ainsi pour aboutir à la mise en œuvre de la résilience, nous avons à examiner les notions de psycho-traumatisme et de mémoire traumatique qui découlent, en général, des violences catastrophiques de la guerre et de toutes les autres violences exorbitantes. Bien sûr, dans notre parcours de lecture, ce sont l'impact et le souvenir traumatiques des violences en relations circonstancielles directes ou indirectes avec la « Guerre du Vietnam » et son point d'orgue, l'Offensive du Têt, qui sont en cause.

La mise en œuvre du phénomène de résilience psychologique se présentera alors comme démarche, processus, stratégie de dépassement des atteintes psychiques et même physiques qui sont venues s'inscrire dans la conscience et l'inconscient. Et, une fois ces bases posées, nous serons amenés à passer en revue les voies par lesquelles l'écriture en général et la littérature en particulier peuvent intervenir dans la recherche et l'actualisation de la capacité de résilience psychologique.

En général l'idée de traumatisme est associée à celle de coup reçu, de choc physique ou moral subi et provoquant blessures, perturbations désordres. Ainsi le traumatisme se manifeste et se vit comme une intrusion brutale, une violation du terrain physique et/ou psychique avec des effets dommageables variables.

Aussi, historiquement, cette notion a d'abord été investie dans le domaine médical chirurgical. Et le vocable de traumatisme ainsi que sa formulation brève de trauma ont conservé le signifier de blessure, contusion. On parle par exemple de traumatisme crânien. Plus précisément et plus techniquement, en chirurgie, on appliquera le terme de traumatisme à une blessure, une lésion provoquée par un agent extérieur agissant de façon mécanique.

Puis, à travers les désignations de traumatisme psychique et de trauma, le concept va être transféré aux blessures psychiques, aux troubles émotionnels. Il va alors concerner les atteintes spécifiées par le côté brutal et intrusif de leurs survenances où la victime se trouve démunie physiquement et psychiquement. Dès lors, selon le contexte, le vocable de traumatisme peut désigner soit le choc physique et/ou émotionnel lui-même, soit les troubles consécutifs à ce choc grave et attentatoire.

C'est dire que la perception moderne du trauma intègre dans ce phénomène aussi bien les circonstances de l'événement que l'intensité du choc et les ressources personnelles du sujet avec ses réactions identifiables. Mais sur ce dernier point, les marques consécutives à la démesure ressentie de la violence subie, la douleur, l'impuissance psychologique, sont aussi anciennes que le parcours historique de l'humanité.

Et de l'antiquité à nos jours on pourrait repérer l'émergence de cette notion du traumatisme psychique tant à travers les textes littéraires, historiques, documentaires que médicaux.

Toutefois, ce qui est dominant à travers un tel itinéraire, c'est que la connexion du trauma avec les guerres, les conflits, les violences collectives et privées, matérielles et psychologiques demeure stable sinon permanente.

Ainsi malgré les avancées de la recherche médicale et les progrès de la prise en charge psychothérapeutique, on peut penser que le syndrome traumatique continuera à hanter le cheminement d'une humanité incapable de promouvoir des relations de paix, de fraternité et de sécurité aux différents niveaux de la vie.

1.2.2. Définitions référentielles du psycho-traumatisme

De nombreux thérapeutes ont été interpellés par les conséquences psychopathologiques graves et durables de la longue et destructrice guerre du Vietnam qui a impliqué les Etats Unis entre 1964 et 1973. Les troubles observés à cet égard chez les vétérans de guerre américains ont donné lieu à la qualification de Post Vietnam syndromes : nostalgie, découragement, anxiété, nervosité, délire, alcoolisme, toxicomanie et autres conduites addictives.

Ces aspects transparaissent surtout dans les romans *Sur place* et *Kriss*. Ainsi en 1980, l'American Psychiatric Association a avancé le concept psychologique de PTSD/ESPT : Post Traumatic Stress Disorder/ État de Stress Post Traumatique. Générée par les effets de la guerre, cette notion va s'élargir pour prendre en compte et traiter les conséquences psychotraumatiques des catastrophes naturelles, des accidents de la vie courante et des violences humaines en dehors de la guerre. Cependant, c'est bien dans l'ouvrage justement intitulé Les traumatismes psychiques de guerre, en 1999, que Louis Crocq propose une définition reconnue du trauma. Elle vient nous aider à apprécier ses traces dans nos quatre parcours de lecture franco-vietnamienne en perspective de la résilience psychologique.

Pour Louis Crocq, psychiatre militaire français et spécialiste de la névrose de guerre, le trauma est un « *phénomène d'effraction du psychisme et de débordement de ses défenses par les excitations violentes afférentes à la survenue d'un événement agressant ou menaçant pour la vie ou pour l'intégrité physique ou psychique) d'un individu qui y est exposé comme victime, comme témoin ou comme acteur* » (Crocq, 1999).

Le « DSM IV » american, « Diagnostic and Statistical Manuel of Mental Disorders », qui doit beaucoup à l'étude des vétérans de guerre dont celle du Vietnam, se veut encore plus complet et définit le psycho-traumatisme comme une série de : « *troubles présentés par une personne ayant vécu un ou plusieurs événements traumatiques ayant menacé son intégrité physique et psychique ou celle d'autres personnes présentes, ayant provoqué une peur intense, un sentiment d'impuissance ou d'horreur, et ayant développé des troubles psychiques liés à ce(s) traumatisme(s)* » (Salmona, 2003).

1.2.3. Conception élargie de l'événement traumatique

Dès lors avec le docteur Muriel Salmona, psychiatre spécialisée en psychotraumatologie et victimologie et le docteur Patrice Louville, psychiatre, praticien hospitalier, responsable en addictologie, nous pouvons cerner les deux éléments clés à mettre en avant dans la compréhension du trauma et la convocation de la résilience :

- « *Le sujet a été témoin ou a été confronté à un événement ou à des événements durant lesquels des individus ont pu mourir ou être gravement blessés, ou bien ont été menacés de mort ou de graves blessures, ou bien durant lesquels son intégrité physique ou celle d'autrui a pu être menacée.*

- *La réaction du sujet à l'événement s'est traduite par une peur intense ou un sentiment d'impuissance ou d'horreur* » (Salmona et Louville, 2013).

Dans cette compréhension élargie, d'une part, beaucoup de faits de vie même mineurs peuvent amener directement ou indirectement le psycho-traumatisme, d'autre part c'est le degré de négativité émotionnelle dans la réaction d'un individu suite à l'événement qui déterminera ou pas la manifestation postérieure de troubles psycho-traumatiques.

Ceux-ci se déploieront comme une série de perturbations instantanées, différées ensuite, puis durables et même permanentes en lien avec les circonstances de l'événement, l'intensité du choc et les ressources personnelles de la victime selon qu'elle puisse ou non investir une réponse résiliente immédiate ou plus tardive. Cela signale combien peuvent être étendus et approfondis la définition, les facteurs et la typologie du fait psycho-traumatique.

1.2.4. Approfondissement du trauma et mémoire traumatique

Dans leur grande variété, ces facteurs peuvent se manifester de manière soit individuelle, soit collective, par une origine soit naturelle soit humaine, dans un déclenchement soit intentionnel soit accidentel……

La grande variété des facteurs traumatiques s'intègre dans une typologie plus limitée. Initialement catégorisé en deux types, le trauma se différencie aujourd'hui en quatre types qui se réfèrent à des notions de temporalité, fréquence, durée, chronicité :

- Trauma de type I, si l'événement traumatique est unique avec un début précis et une fin distincte (désastre naturel, accident, attentat…).

- Trauma de type II, si l'événement est répété, durable, potentiellement maintenu (violences conjugales ou politiques, abus sexuels, actes de guerre…).

- Trauma de type III, si les faits sont pluriels, brutaux, intrusifs et durables (camps de concentrations, esclavage, torture…).

- Trauma de type IV, si les faits sont en cours et se prolongent dans le présent (rapt se poursuivant, pandémie actuelle et mortifère, conflit destructeur encore actif…).

Sur ce même critère de durée, le trauma a été aussi réparti en traumatismes simples et complexes, ce qui rejoint le type I d'un côté les types II à IV de l'autre. Et si l'on privilégie le mode de confrontation à l'événement on peut distinguer traumatisme direct et indirect ou secondaire, selon que la victime ait été patient, agent, spectateur ou selon qu'elle ait été contaminée suite à la rencontre avec une ou des personnes traumatisées.

Cet approfondissement de la définition, des facteurs et de la typologie du trauma a permis l'émergence d'une notion centrale « au cœur de tous les troubles psycho - traumatiques: la mémoire traumatique. Cela amène une avancée intéressante et efficiente dans la prise en charge des sujets atteints et la mobilisation de la résilience.

1.3. Mémoire traumatique et résilience psychologique

1.3.1. Emergence de la mémoire traumatique

Depuis près d'une vingtaine d'années, il s'est développé une meilleure connaissance et une meilleure maîtrise des troubles psycho–traumatiques. On a approché plus finement les mécanismes d'installation physiologiques, et plus précisément cérébraux, du trauma dans le métabolisme et le psychisme du sujet. On a aussi approfondi, pour mieux les dépasser, les processus biologiques, neurologiques et psychologiques que les victimes mettent en place pour survivre à la terreur traumatique. Ainsi, la notion de mémoire traumatique s'est construite pour cristalliser ces mécanismes d'inscription, ces stratégies de survivance et développer des procédures de leur dépassement.

Avec les souvenirs intrusifs et colonisateurs du psychisme, ainsi que l'impuissance à se remémorer des phases essentielles du traumatisme, la mémoire traumatique se révèle un trouble psychologique majeur. C'est un processus psycho-pathologique pénible latent et à répétition. C'est une altération relativement grave de la conscience car elle concerne son fondement même, la mémoire. Et effectivement, les dysfonctionnements de la mémoire sont intégrés de manière centrale dans le diagnostic de l'État de Stress Post-traumatique (ESPT), selon les références du DSM-IV-TR, 2000.

Cette centralité de la mémoire traumatique nous interpelle sur la place fondamentale de la mémoire, saine ou pathologique, et de sa gestion comme substance de la compréhension, de l'expression, de la communication et surtout comme matériau de base de la littérature.

1.3.2. Mémoire, mémorisation et émotion

Pour mieux saisir l'impact négatif et la nature du souvenir traumatique, il convient donc, avant de les développer, de rappeler la spécificité et l'essentialité de la mémoire dans le fonctionnement mental et cognitif. Pour formuler cette brève présentation, nous nous appuyons sur la thèse de doctorat de médecine de Linda Decam (2012).

Sur la base de travaux de Bernard Croisile, (2009) Tout sur la mémoire, nous pouvons définir la faculté de mémoire de manière relativement simple comme un triple processus : encoder des informations en leur donnant un sens, conserver ces informations en les consolidant et en les organisant, restituer ces informations ou de manière spontanée, ou à partir d'indices ou par le rappel. Le cadre où ces informations se situent influence l'encodage, la conservation et le rappel de ces éléments. Ce processus par modules peut se réaliser de manière consciente ou inconsciente. La mémorisation porte sur des moments, des évènements de la vie, des connaissances sur l'univers, des gestes spécifiques, des configurations acoustiques et visuelles.

Traditionnellement, on repère trois sortes de mémoire : la mémoire sensorielle qui permet la reconnaissance et la conservation à partir des traces momentanées visuelles et/ou auditives, la mémoire à court terme qui ne garde les informations que temporairement, la mémoire à long terme qui stabilise et conserve les informations.

Ainsi, la mémoire peut être décrite selon différents modèles ou classifiée selon plusieurs types qui se recoupent et que nous ne développerons pas ici :

- mémoire sémantique (générale, référée au langage sans mention des lieux, dates,émotions) et mémoire épisodique (personnalisée, particularisée, biographique, circonstancielle, émotionnelle) ;

- mémoire déclarative (informations perceptibles pour la conscience) et mémoire procédurale (informations non perceptibles pour la conscience) ;

- mémoire explicite (captation consciente) et mémoire implicite (captation inconsciente).

Mais, quelle que soit l'option retenue, le facteur émotionnel ou affectif demeure déterminant dans la modulation de la mémorisation.

1.3.3. Mémoire Émotionnelle, inflexion de la rétention

Les émotions dynamisent la mémoire. Elles sont à même de renforcer ou de troubler la mémorisation et la restitution. Ainsi, des expériences émotionnellement positives (une fête de famille), ou négative (collision ferroviaire) seront mieux mémorisées que des vécus neutres (un trajet sans incident ni accident). Mieux encore l'émotif favorise en priorité l'intégration des aspects sensitifs et des circonstances des expériences qui ont été axés personnellement sur le sujet : On se souvient davantage de son anniversaire que de celui d'un cousin.

Des recherches contemporaines confirment le lien entre disposition émotionnelle et procédure de cognition. La mémoire émotionnelle se manifeste bien comme un « tamis », qui modèle les souvenirs et façonne affectivement les réactions à ses souvenirs. Grâce à elle, on peut attacher une signification émotive à un fait et favoriser donc sa rétention puis son rappel (Phelps, 2006). Dans un positionnement global, la mémoire émotionnelle se rattacherait à la mémoire déclarative/ explicite et à la mémoire non déclarative/ implicite. (Phelps et Ledoux, 2005). Ainsi, la gestion des informations par la mémoire émotionnelle ne serait pas seulement consciente mais impliquerait aussi l'inconscient.

De tout cela, nous pouvons énoncer que la mémoire émotionnelle, quand elle n'est pas en dysfonctionnement, se fonde sur la mémoire épisodique. C'est dire que quelqu'un qui a connu une expérience marquante au niveau affectif devrait être capable d'exprimer intelligiblement le vécu émotionnel. Elle devrait aussi être capable de redonner les circonstances de temps et de lieu de l'évènement. L'incapacité à performer dans ces actes retentit comme un indice de trouble psychique différé, de mémoire traumatique.

Des travaux font justement apparaître des troubles de la mémoire émotionnelle chez les personnes souffrant d'ESPT. Ces personnes vont paradoxalement manifester de l'hypermnésie et/ou de l'amnésie et ces troubles appartiennent intégralement au diagnostic d'ESPT d'après les références du DSM IV.

Par le canal de l'altération mnésique, c'est la conscience et l'identité des sujets qui sont atteintes avec un impact catalysé par l'émotionnel.

1.3.4. Mémoire émotionnelle, conscience et identité

C'est par le support de la mémoire que l'individu prend conscience de son être, de son existence, de sa permanence, de son identité. La mémoire coopère à élaborer notre conduite morale dans le cadre familial et social. La mémoire en nourrissant l'identité, permet de donner de la cohérence aux expériences du passé, aux exigences du présent et aux espérances de l'avenir (Croisile, 2009, *op. cit.*, p. 121). La mémoire épisodique joue ici un rôle de premier plan grâce à ses liens étroits avec le temps, l'espace, la conscience de soi et bien sûr les émotions. Elle permet de parcourir, séquencer et intégrer le vécu de son « soi », de son « moi » à travers un parcours mental. Les souvenirs contribuent à la construction par la conscience du sentiment d'identité. Tout au cours de la vie, la mémorisation va valoriser des domaines particuliers qui constituent la richesse, la distinction, la diversité et l'unicité de notre personnalité.

La conscience autobiographique va cependant sélectionner, conserver et réactiver une lecture du parcours biographique à travers le filtre et l'emphase de la mémoire émotionnelle. Quand cette dernière sera perturbée, violentée, et faussée, c'est la conscience et l'identité qui seront déstructurées et aliénées. La pertinence des analyses de Muriel Salmona, entre autres, s'impose ici quand elle déchiffre la mémoire traumatique comme un trouble de la mémoire implicite émotionnelle et un envahissement pathologique de la conscience qui déstabilisent l'identité.

1.3.5. Mémoire traumatique, trouble de la mémoire émotionnelle

Voici donc la conceptualisation du Dr. Muriel Salmona, psychiatre spécialisée en psycho-traumatologie et en victimologie : « *La mémoire traumatique, trouble de la mémoire implicite émotionnelle, est une conséquence psychotraumatique des violences les plus graves se traduisant par des réminiscences intrusives qui envahissent totalement la conscience (flash-back, illusions sensorielles, cauchemars) et qui font revivre à l'identique tout ou partie du traumatisme, avec la même détresse, la même terreur et les mêmes réactions physiologiques, somatiques et psychologiques que celles vécues lors des violences* » (Salmona, 2008).

Ainsi, le phénomène de la mémoire traumatique est d'abord lié à la survenue d'un événement violent potentiellement traumatisant comme nous l'avons déjà présenté. Il y a un débordement des mécanismes de la mémoire, des possibilités physiques et psychiques des sujets. Mais la constitution d'un souvenir traumatique n'est pas automatique comme déjà signalé. Il va dépendre de la réponse émotionnelle et mentale du sujet dans sa confrontation à l'événement. Si cette réponse immédiate est négative et non libératrice, la mémoire traumatique va s'enclencher immédiatement dans les jours et les semaines suivantes. Elle pourra être encore traitée sinon, elle deviendra chronique après trois mois et même persistante au long des années.

C'est une mémoire émotionnelle dépressive qui se forme et se bloque neuro-biologiquement en deçà des mécanismes de la mémoire biographique et consciente d'après Van der kolk et Van der Hart, (1991). Elle demeure, en permanence, chargée de tous les affects (détresse, douleur, effroi …) liés au choc initial. Tacite, elle n'a pas de véritable représentation mentale ni de fonction sociale, selon Janet (Larroque, 1993). Elle est comme une bombe à retardement, toujours en déclenchement et réenclenchement. Ultra-sensible, elle réagit telle une mine explosive à toute stimulation qui rappelle d'une manière ou d'une autre l'évènement traumatique. Elle pétrifie le cours du temps, de l'histoire, de l'existence et emprisonne le sujet dans le vécu traumatique ou l'y ramène sans cesse.

1.3.6. Mémoire traumatique, cinq symptômes majeurs

Pour le Dr. Muriel Salmona, donc, aux aguets à l'entrée du processus de mémorisation et de gestion des réactions sensorielles et émotionnelles, « *la mémoire traumatique est au cœur de tous les troubles psycho-traumatiques* » (Salmona, 2008). Elle bloque le marquage spatio-temporel et empêche l'établissement d'une mémoire autobiographique saine. Quasiment, toutes les retombées pathologiques, physiques et mentales, les plus graves, les plus prégnantes, découlent d'elle.

Elle est en fait le symptôme central des troubles spécifiques du trauma et plus précisément de l'ESPT.

Ce symptôme central peut se décliner en cinq symptômes majeurs complétés par des désordres associés :

- symptômes de réminiscences intrusives (reviviscences morbides et désespérées des souvenirs traumatiques) ; -symptômes d'évitement (tentatives vaines et maladives d'esquiver toute situation liée au souvenir traumatique) ; -symptômes d'excitations hyperactives (hyper-vigilance, hypersensibilité, sur-tension et conduites exagérées) ; -symptômes de dissociation (brisure défensive de l'unité existentielle, déconnexion protectrice de la réalité) ; -symptômes de conduites à risques (comportements addictifs dangereux pour une anesthésie provisoire).

Des perturbations pathologiques complètent souvent ces cinq symptômes majeurs : troubles et désordres de la personnalité, de la sexualité, de l'humeur, du sommeil, de l'alimentation, de la somatisation…

Maintenant avertis de ces manifestations symptomatiques, il est loisible de les identifier et de les apprécier dans les œuvres retenues d'Anna Moï, Kim Thúy, Kim Doan et Linda Lê.

Ces symptômes et leurs compléments montrent bien - quel cercle vicieux est la mémoire traumatique, - comment les stratégies anti-symptômes se révèlent être en fait des symptômes qui entraînent re-amorçage, récidive et renforcement du trouble, - combien l'emprise est culpabilisante et déstabilisante pour les sujets et déroutante pour l'entourage et les intervenants, - pourquoi il est indispensable de construire et de mobiliser des démarches de dépassement qui atteignent et traitent la mémoire traumatique elle-même.

1.3.7. Démarche de dépassement selon M. Salmona

Le Docteur Salmona, psychiatre spécialisée en psychotraumatologie et victimologie est également une grande dénonciatrice des toutes les violences irreprésentables qui sont à l'origine du trauma par intrusion psychique et pétrification de la conscience (Salmona, (2009a). Elle s'est aussi penchée sur les démarches de prises en charge adaptées à des sujets hantés par les souvenirs traumatiques et sur les procédures appropriées de traitement et de dépassement de la mémoire traumatique.

Parlant du traitement de la mémoire traumatique, elle explique : « Cela se fait en « revisitant », le vécu des violences, accompagné pas à pas par un « démineur professionnel » avec une sécurité psychique offerte par la psychothérapie et si nécessaire par un traitement médicamenteux, pour que ce vécu puisse petit à petit devenir intégrable, car mieux représentable, mieux compréhensible, en mettant des mots sur chaque situation, sur chaque comportement, sur chaque émotion, en analysant avec justesse le contexte, ses réactions, le comportement de l'agresseur (Coutanceau et al., 2012).

Ainsi, à la base des démarches psychothérapeutiques, ce qui est mis en avant, c'est une exigence de faire, pour le sujet, émerger ou ré-émerger le sens, la compréhension, la cohérence, la représentabilité, de rétablir les liens spatio-temporels, logiques, et psychologiques afin de surpasser la mémoire traumatique et de réenclencher une mémoire autobiographique conscientisée et gérable.

Nous repérons là comme une interface de correspondance avec des démarches d'écriture qui ont la mémoire comme nourriture. « Revisiter les vécus des violences pour déminer la mémoire traumatique », revient concrètement à reprendre en compte les événements, les symptômes, les comportements, les émotions problématiques, comme pour une relecture et une réécriture de vie, comme le tissage d'un texte évocateur et évacuateur de la charge pathologique du souvenir : ainsi,

- Une senteur qui perturbe doit pouvoir être raccrochée aux émanations, de son assaillant ;
- Une souffrance qui affole doit pouvoir être connectée à la souffrance éprouvée au moment de l'attaque ;

- Une sonorité qui se révèle insupportable et stressante doit pouvoir être reliée aux sonorités perçues au moment de l'agression, tel un crépitement d'averse, survenue ce jour-là ;
- Des perceptions irritantes, aux niveaux des organes intimes doivent pouvoir être raccordées, aux atteintes indésirables endurées sexuellement…

Dans cette entreprise de désamorçage qui permettra à la conscience de maîtriser les réactions émotionnelles quand le souvenir traumatique voudra s'enclencher, nous ressentons combien la mise en mots, la mise en texte, à l'oral ou à l'écrit tient une place déterminante comme nous entendons le relever à travers notre quadruple parcours de lecture.

Avant de rebondir sur cette perspective littéraire qui nous intéresse, il est juste de signaler, même de manière non exhaustive, les nombreuses techniques psychothérapeutiques référées aux violences et aux souvenirs traumatiques qui peuvent être mises en œuvre comme l'indique le docteur Salmona entre autres (Salmona, 2009b).

Thérapies à médiation corporelle : Par la kinésithérapie, l'expression corporelle et la relaxation contribuer à réaligner émotionnellement les corps, à restaurer un schéma corporel autonome et affranchi des violences, à se réapproprier son corps.

Thérapies par le jeu : Surtout pour les enfants, offrir des supports ludiques et désinhibants qui permettent verbalisation, mise en scène de l'expérience psycho-traumatique et restructuration des émotions.

Thérapies à médiation artistique : mêmes visées que précédemment, par les dessins, les peintures, les modelages, la confection d'objets.

Thérapies par le chant, la musique, la scénothéraphie : les chansons, les danses, les mimes, le théâtre, les saynètes.

Thérapies par la création littéraire : les romans, les nouvelles, les récits de vie, les poésies et nous touchons là le cœur de notre approche à propos de *Riz noir*, *Ru*, *Sur place* et *Kriss*.

Car, bien sûr, comme nous l'avons dit, dans ces méthodes artistiques de remédiation, nous accordons une attention particulière au recours à la création littéraire spécifique, à la mise en paroles et en récits, à la rupture de l'emprise morbide du silence qui sont un travail sur la mémoire. Nous y reviendrons bientôt.

Cependant, notre propos n'est pas l'étude des procédures de thérapies littéraires utilisées parmi les nombreuses autres procédures de traitements de la mémoire traumatique. Nous essayons surtout de saisir des stratégies de base qui traversent différentes méthodes curatives. Nous avons privilégié les orientations de la docteure Salmona car elles sont centrées sur la mémoire traumatique. Nous entendons dégager des fondamentaux qui auraient des parallèles, des analogies, des corrélations avec une invention littéraire hors prise en charge thérapeutique, mais traitant d'événements traumatiques effectifs ou potentiels.

Dans ce cadre, nous n'aurons pas la présence de démineur professionnel ni l'offre de la sécurité psychique. C'est l'écrivain qui à travers la narratologie choisira de gérer ces instances par ses choix d'écriture. C'est lui qui fera la mise en mots concernant les situations, les comportements et les émotions revisités. C'est lui qui administrera les analyses du contexte et l'examen des réactions de ses protagonistes, victimes, agresseurs ou simples témoins. Les ressources littéraires ou mieux psycho-littéraires seront la matière de son traitement où le recours médicamenteux fera défaut. De toute façon, nous n'entendons pas mélanger ou confondre les deux sphères d'intervention, mais exploiter des convergences qui nous interpellent. Essayons donc de formuler cette tentative de récapitulation d'une recherche de résilience à propos de la mémoire traumatique.

1.3.8. Trois principes de résilience à retenir et réinvesti

Pour synthétiser, on peut retenir globalement trois principes psychologiques pour dépasser le risque, le déclenchement ou l'installation de la mémoire traumatique émotionnelle :

- Déminer et vider immédiatement l'impact de l'agression par une réponse mentale, psychologique et même physique libératrice. La mémoire traumatique potentielle ne peut alors s'installer. L'événement est intégré dans le souvenir autobiographique normal.

- Déminer et évacuer post-immédiatement l'impact traumatique à travers une reviviscence conscientisée qui sera remplie avec toute la charge primitive de l'événement. L'éloignement temporel de l'enclenchement de ce dépassement différé est variable mais ne s'étend pas au-delà de deux mois. Au terme de ce processus, la mémoire traumatique est déchargée et réinsérée dans la mémoire biographique courante.

- Réussir plus tardivement, extra-postérieurement, à déminer et à intégrer le souvenir traumatique devenu chronique. On se consacre à retrouver, à désaliéner, à restaurer tous les morceaux lointains, éparpillés, isolés, désarticulés dans une reconstruction intégratrice. Ce traitement différé permettra de synthétiser l'événement dans la mémoire clarifiée des expériences biographiques ordinaires ou même extraordinaires mais cohérentes.

De fait, dans nos quatre trajets narratifs littéraires franco-vietnamiens, nous tentons des parallèles avec des options de prise en charge psychologique du traumatisme. Nous visons à : - repérer des évocations d'événements traumatiques ou potentiellement traumatiques, accompagnés, de signes suggérant des symptômes éventuels, - apprécier les traitements psycho-littéraires qui sont identifiables pour ces événements et leurs conséquences, - qualifier les résultats de ces traitements en regard des modes dominants de dépassement des souvenirs traumatiques.

Ainsi, la thématique du psycho-traumatisme et de son dépassement à travers la résilience guide notre appréciation. Cette observation met en relation littérature, traumatisme et résilience. Ce thème général de réflexion a déjà été diversement abordé dans certaines publications et nous ne pouvons manquer d'en faire mention et de rappeler la spécificité de notre approche qui relie les virtualités de résistance de l'âme vietnamienne aux potentialités générales de la résilience.

1.4. Résilience psychologique et écriture thérapeutique

1.4.1. Littérature et mémoire, des violences de l'Histoire

Au sein de l'esprit humain et de ses méandres complexes sommeille donc une potentialité extraordinaire à surmonter les conflits les plus terrifiants et les défis les plus impressionnants. Cette puissance de dépassement des traumatismes et de réajustement de la conscience, déjà présentée, est ce que nous nommons la résilience psychologique. Son activation nous permet de ressurgir des périodes les plus ténébreuses. Un des canaux à même de nous acheminer à travers cette résilience et nous permettre de déboucher sur une renaissance se révélerait être l'écriture, la littérature, la lecture.

Or, le traumatisme est généralement considéré comme non-représentable, non exprimable. Nous ne pouvons manquer d'examiner comment les écrivains réussissent ou échouent à dire, à symboliser le psycho-traumatisme. Nous ne pouvons manquer d'observer en quoi la littérature peut contribuer au traitement d'un passé traumatisant et de la mémoire traumatique.

C'est qu'en effet les œuvres et les fictions qui intègrent l'expérience traumatique et les problématiques de la mémoire, sont de plus en plus nombreuses. Autobiographies, romans autobiographiques, autofictions, récits de vie et/ou de filiation, témoignages, mémoires, pièces de théâtre, textes poétiques, l'espace littéraire d'expression française et francophone, entre autres, est riche en œuvres. Nous pouvons citer des écrivains reconnus comme George Pérec, Marguerite Duras, Annie Ernaux...

Face à l'actualité de ce foisonnement, Claude Burgelin, dans Comment la littérature réinvente la mémoire, nous pointe bien que « *cette présence polymorphe des écritures de la mémoire a entre autres origines les violences de l'Histoire contemporaine et les traumatismes qu'elles ont laissées* » (Burgelin, 2001).

Au plus haut niveau par exemple, le prix Nobel de littérature a été décerné le 9 octobre 2014 à l'écrivain français contemporain, Patrick Modiano. Il est né le 30 juillet 1945 à la fin de la seconde guerre mondiale et de ses violences exorbitantes. Les écrits de Modiano font ressurgir de manière obsessionnelle ce qui constitue une des matrices de son œuvre, la blessure mémorielle du temps de l'occupation nazie avec ses conséquences traumatiques.

Ses personnages semblent souffrir de la recherche pathologique d'une identité fantôme. Ils apparaissent invalides à assumer le présent, car occupés à se libérer de la mémoire intoxiquée d'un passé qui ne se dépasse pas. Hantise de la mort, réminiscences fuyantes, névroses identitaires rendent improbable un futur nébuleux. Lors de son discours de réception du Nobel, à Stockholm, le lauréat, qui se voit comme un produit de cette guerre qu'il n'a pas connue, a déclaré que la mémoire était la vocation du romancier face à la grande page blanche de l'oubli.

Qui dit mémoire intègre aussi mémoire traumatique comme vocation de l'écrivain. Et effectivement pour découvrir avec profondeur les méandres des atteintes psycho-traumatiques, les attentes des sujets et les tentatives de dépassement, le champ littéraire est un domaine fécond

En confirmation, Henri Rousso, historien de la seconde guerre mondiale, avance que « la mémoire relève d'une approche sensible, individuelle, presque sentimentale du passé ». Il accorde bien en l'espèce un rôle de prédilection à la littérature par rapport à l'histoire pour transmettre la mémoire des violences et de ses suites. Mais il convient d'ajouter à cela une vision curative de la création littéraire face au trauma et à la mémoire traumatique.

1.4.2. Littérature et délivrance du passé traumatique

Connectée aux effets psycho-traumatiques de la guerre du Vietnam, notre réflexion se déroule donc au cœur de l'interaction, violences de l'histoire, mémoire traumatique, création littéraire, démarches de résilience.

Cette thématique, nous l'avons dit, n'est pas nouvelle dans notre espace de communication. Par exemple Leigh Ellen Weber (Weber, 2010) de Queens University, canada a soutenue en 2010 un mémoire de master intitulé : Écrire le traumatisme : pour une étude de l'incompréhensible chez Soucy, Duras, Mavrikakis et Perec. Elle y déclare que nous demeurons hantés par la présence persistante des guerres et catastrophes du vingtième siècle. Elle s'interroge de savoir si finalement l'écriture littéraire libre peut aider à la conduite de la guérison d'un passé traumatique. Mais, elle conclut que cette invention littéraire n'est pas un processus magique qui guérit le passé. Ce serait plutôt le point de départ d'une quête et d'une symbolisation qui permettraient d'accepter l'existence et de vivre avec les blessures du passé. Il s'agirait seulement d'atténuer les effets du souvenir traumatique car le caractère indicible et incompréhensible du trauma serait sans solution véritable. Ce processus semi-curatif se réaliserait grâce à la transmission littéraire et au partage de l'expérience avec le lecteur.

Dans notre perspective, nous pensons relever des stratégies de dépassement effectif, même limité, du traumatisme à travers les quatre créations littéraires franco-vietnamiennes retenues. En effet, nous sommes partisans de l'hypothèse que la création romanesque autonome peut constituer une médiation qui permet à la fois d'évoquer et d'évacuer les démons qui hantent la mémoire et traumatisent les sujets.

Nous proposons de vérifier cette hypothèse et ses processus de réalisation dans la littérature francophone liée au Vietnam de l'exil, suite à la deuxième guerre d'Indochine. Mais pour soutenir cette vision, il y a dans le cadre de la relation mémoire traumatique, littérature, et résilience une dimension particulière qui demande à être précisée : l'écriture thérapeutique spécifique intentionnelle et assistée, la thérapie par l'écriture en contexte d'accompagnement, l'écriturapie. Elle diffère de notre objet, la littérature pleine, libre, autonome, comme nous l'avons signalé au cours de ce chapitre en 1.1.1 et 1.3.6 à la fin de l'intitulé « démarche de dépassement ». Cependant, elle éclaire, conforte et alimente nos orientations.

1.4.3. Démarches et méthodes de l'écriture thérapeutique

Aujourd'hui face au trauma, des thérapies plus courtes, plus spécifiques, mieux adaptées et plus efficientes se développent. La thérapie par l'écriture s'inscrit dans cette dynamique. Il s'agit, à travers le support de l'écriture, de coaching de vie, d'accompagnement efficace de l'individu perturbé vers une perspective de transformation. Nous pouvons référer à Atelier d'écriture thérapeutique, ouvrage de Nayla Chidiac (2013). C'est une des collaboratrices d'Anne-Marie Dubois, psychiatre, praticien hospitalier qui a publié l'ouvrage Art-Thérapie. Mais, il y a aussi lieu de citer La guérison par l'écriture de l'écrivain, Jean-Yves Revault (2003) considéré comme le fondateur de la thérapie par l'écriture. Le processus de l'écriture thérapeutique s'enclenche souvent à travers des ateliers et développe une démarche en trois axes :

- Questionnement et écoute active à travers des entrevues interactives. Il s'agit de solliciter une dynamisation mutuelle accompagnant/accompagné pour parvenir à un but déterminé

- Conscientisation progressive du sujet. Il s'agit de l'amener, à discerner ses talents et les conduites à enclencher pour se positiver et se valoriser

- Stratégie d'engagement du sujet à actualiser ses atouts. Il s'agit de l'aider à réaliser des modifications de comportements pour accéder à la direction de sa vie courante. Ces démarches non-exhaustives facilitent une verbalisation ultérieure et pacifiée, bloquée par le traumatisme.

Il est possible de repérer quatre phases clés d'activation des procédures de remédiation :

- L'Élucidation des pensées pour accoucher son moi, son âme, son soi.

- La reviviscence sans contrainte des affects du passé à travers des suggestions et des rapprochements,

- L'épuration des zones douloureuses de la mémoire,

- L'écriture thérapeutique, intime, profonde, valorisante

1.4.4. Cinq effets curatifs générées par l'écriture thérapeutique

Dans ces démarches thérapeutiques spécifiques, l'écriture constitue le canal, le média essentiel de prise en charge et d'autonomisation du sujet. On considère, en effet, que la parole s'envole et que les images peuvent être passagères.

L'écriture se présente comme stable mais surtout comme porteuse de multiples effets thérapeutiques : l'effet libérateur de rupture du silence, l'effet de distanciation du passé et de lâcher prise, l'effet de rencontrer un destinataire, un interlocuteur, l'effet de miroir révélateur du moi profond, l'effet pacifiant d'acceptation et de transformation de soi.

- **L'effet libérateur de rupture du silence**

En mettant par écrit ses affects, ses sentiments, ses réflexions, la personne perturbée se libère physiquement et psychologiquement d'une énergie oppressante. Elle évacue colère, douleur, peur, passion… Le souffle de l'écriture se rythme et se coule tel un « *ru* », un « ruisseau » qui évacue ses alluvions encombrantes mais chargés de pépites d'or. L'écrivant témoigne de son expérience de mal être. Il exprime le non-dit. Il fissure le mur de l'indicible. Il établit une base pour une verbalisation qui était impossible ou insupportable.

- **L'effet de distanciation du passé et de lâcher prise**

Mettre en mots et par écrit aide à établir une distanciation avec ses troubles et son passé traumatisants. L'emprise des souvenirs est desserrée. La pression mentale est atténuée. On peut commencer à lâcher prise par rapport à sa mémoire angoissée et prendre du recul sur soi-même.

- **L'effet de rencontrer un destinataire, un interlocuteur**

Dans le traumatisme, on est souvent prisonnier du sentiment, fondé ou non, de l'incommunication : pas d'écoute, pas de compréhension, pas d'interlocuteur, pas de retour… À travers l'activité d'écriture thérapeutique, on se reconnecte avec le besoin de partager et d'échanger.

On écrit pour soi et pour autrui. On est pris en compte, on est considéré. En conséquence, l'écriture va régénérer l'estime de soi, la confiance aux autres, le courage de dire, bref une valorisation.

- **L'effet de miroir révélateur du moi profond**

Par l'écriture, nous nous renvoyons notre image, elle nous interpelle et nous l'interrogeons. Elle nous donne la relecture de vie qui pourra enclencher une révision et réécriture positive de soi. La relecture de nos écrits peut nous permettre de découvrir bien des choses sur nous- mêmes et nous révéler l'envers de notre miroir et aussi nous aider à oser et réussir des traversées délicates. Même ce qui n'a pas été explicitement mis par écrit peut se dévoiler dans l'effet miroir.

- **L'effet pacifiant d'acceptation et de transformation de soi**

En s'autorisant à écrire, à s'écrire, à s'écrire, on s'autorise à se recréer. On visualise ses blocages, ses réactions invisibles et ses comportements inadéquats sur lesquels on pourra alors agir. On découvre mieux ce qui, en nous, conforte les déséquilibres.

On peut ainsi mieux accepter et envisager pratiquement des conduites plus bénéfiques et constructives. Avec le soutien de l'accompagnement, mais aussi en autonomie grandissante, on peut initier une nouvelle vision où le passé est réparé, le présent rééquilibré, le futur dégagé. La pensée est épurée et conscientisée, actualisée dans les différents aspects de la vie. Elle peut nourrir l'action, la concrétisation, la transformation personnelle et intégrée.

Un cadre propice doit bien sûr être proposé à la mise en œuvre de tous ces effets bénéfiques de la psychothérapie par l'écriture. Les promoteurs de la méthode ont réinvesti le dispositif créatif de l'atelier d'écriture en atelier d'écriture thérapeutique. La prolifération de ces ateliers a suscité l'apparition de livres dits thérapeutiques.

1.4.5. Ateliers d'écriture et livres thérapeutiques

- **L'atelier d'écriture thérapeutique**

Selon Madame Marinolli, (Léon, 1994), orthophoniste et animatrice à Nantes, l'atelier d'écriture a pour visée fondamentale de découvrir la satisfaction de s'énoncer à travers l'écrit.

Les problèmes de correction orthographique et grammaticale ne sont pas prioritaires et ne doivent pas exercer de blocage. Chacun des participants, qualifié d'écrivant, est amené à découvrir sa manière propre de traduire son vécu, ses impressions, ses idées et de réussir à se faire comprendre par autrui. Une règle essentielle est donc de ne pas juger.

Par des offres d'écriture, qui ne sont pas assimilables à des consignes de composition française, l'envie de rédiger est suscitée. Dans cette optique, la dimension ludique, la liberté et la variété de forme et de formulation sont primordiales. Bien sûr, des démarches d'amélioration seront aussi psycho-pédagogiquement mises en œuvre. Mais surtout l'atelier d'écriture permet de visiter les souvenirs et les émotions, d'évoquer et de projeter le réel et l'imaginaire.

Autre aspect clé, l'écrivant dispose du loisir et du bénéfice d'oraliser, en toute confiance, soutien et sécurité, sa production aux autres participants qui sont eux aussi écrivants-émetteurs-récepteurs. Le résultat est un encouragement à évoluer positivement dans la vision de soi, la conduite, le rapport aux autres et à l'écriture.

Encadrés par des contraintes étroites de durée, d'espace, et de visées, l'atelier d'écriture peut se décliner dans une procédure thérapeutique. Elle va s'appliquer à générer une écriture purgative dont la charge émotionnelle cherchera à délivrer les sujets, des liens de la mémoire traumatique. L'écriture en atelier va se dérouler par phases, par étapes, par moments, par modules, avec un guidage psychothérapeutique.

Grâce à ce contexte structuré, structurant et rassurant, les sujets peuvent, à l'aide de propositions, de thématiques et de types, s'épancher et même exprimer l'imaginaire. Les intervenants assurent à la fois une médiation artistique et thérapeutique. Toutes les formes d'expression écrite peuvent y être investies : haïku, poésie, conte, slam, lettre, témoignage, écriture spontanée, automatique…

Dans cet espace, un graphologue peut aussi intervenir, il est alors grapho-thérapeute. Il aide à la fois à guérir l'écriture et à se guérir par l'écriture. Dans ces perspectives, il n'est pas non plus exclu, de recourir à un biographe. C'est le cas quand on bute, par exemple, sur le manque d'aisance dans l'art d'écrire, sur l'embarras d'avoir à se remémorer et à se transcrire, quand on a psychologiquement besoin de recul. On recourt alors à un médiateur, neutre, fidèle, compétent et à même de jouer un rôle de biographe-thérapeute.

C'est donc tout logiquement que cette pratique encadrée d'écriture curative va déboucher sur la publication de livres dits thérapeutiques.

- **Les livres thérapeutiques**

C'est véritablement un nouveau genre littéraire qui illustre le recours à l'écriture comme thérapie et qui trouve de mieux en mieux une réception chez les libraires et les lecteurs. Les rédacteurs sont des victimes qui partagent leurs parcours de pathologie et de thérapie. Ils exposent de manière libératoire leurs douleurs, leurs espérances de rémission, leurs progrès, leurs échecs et succès, leurs relations avec les soignants et avec leurs proches et surtout le rôle que joue l'écriture dans cette aventure intime parfois extrême. Ainsi, dans « *Je reviens bientôt* » (Royer, 2011) publié aux éditions Michalon, on a l'exemple Hugues Royer qui développe le besoin d'écrire à propos du décès de son père.

Toutes les modalités de narrations sont mises à contribution : romans, journal intime, recueil poétique, bande dessinées, mémoires, confessions, témoignage, autobiographie, roman autobiographique et même autofiction. Dans cette dernière variante, on fait vivre des expériences fictives à des protagonistes réels et identifiables.

À travers le recours aux divers genres littéraires et le surgissement de cette littérature thérapeutique, on perçoit combien les caractéristiques et les vertus de la thérapie par l'écriture croisent notre thème de référence : dépassement de la mémoire traumatique à travers quatre œuvres littéraires francophones.

1.4.6. L'écriture thérapeutique, un support à notre vision

Ainsi, il apparait, comme nous l'envisagions, que la thérapie par l'écriture éclaire et conforte nos orientations de lecture quant à notre parcours des quatre productions littéraires des écrivaines francophones d'origine vietnamienne retenues. Cet investissement thérapeutique de l'écriture se découvre donc, d'une part telle une option de mise en œuvre des recommandations de Muriel Salmona dans le traitement de la mémoire traumatique d'autre part tel un indice certain de ce que peut apporter l'écriture de manière plus intrinsèque, en dehors du cadre d'une instrumentalisation consciemment thérapeutique donc, dans la sphère autonome de la littérature. Cette efficience bienfaisante est, selon notre réflexion, à même de demeurer agissante dans la production spécifiquement littéraire qui a aussi la mémoire comme matériau.

Aussi de cette articulation de l'écriture au traitement de la mémoire traumatique et au traitement d'un projet d'intention pleinement littéraire intégrant des évènements traumatiques, nous proposons de retenir sept potentialités d'évacuation actées dans l'option thérapeutique et susceptibles d'être confirmées dans l'option littéraire :

- l'autonomie et l'autogestion, - la reviviscence émotionnelle curative, - la mise en mots et mise sur papier libératoires, - la quête de sens et l'élucidation, - le déminage des zones sensibles, - la réintégration auto-biographique, - le lien positif partagé avec soi-même et avec le lecteur.

Dans cette option, nous laissons en suspens l'accompagnement de sauvegarde par le psychothérapeute, l'écrit-thérapeute, le grapho-thérapeute ou le biographe-thérapeute…

Ce rôle semblerait être tenu, en corrélation avec l'écrivain et sa pensée, par l'activité d'écriture littéraire elle-même, qui est à la fois lecture-relecture-interprétation de vie réelle ou imaginaire, écriture artistique de cette lecture - relecture - interprétation et lecture - relecture - réécriture de cet écrit artistique, à destination de soi-même et d'autrui.

1.4.7. Sept potentialités résilientes à réinvestir

Nous précisons donc, pour notre analyse, les sept potentialités de l'écriture thérapeutique qui nous sont apparues productives :

- **L'autonomie et l'autogestion**

La gestion de la thérapie par l'écriture est caractérisée par un processus d'autonomisation du sujet qui devient compétent en outils et en démarches de déchargement de la mémoire émotionnelle perturbée. Les procédés arrivent à être applicables par la personne elle-même qui peut parvenir à autogérer la démarche. Elle peut même atteindre une poursuite autonome de l'activité d'écriture et une accession à la sphère littéraire.

En résonance, puisque l'écrivain fonctionne d'emblée en autonomie dans son acte d'écriture, il lui serait donc possible de générer et de gérer, via l'écriture, un travail d'émancipation des liens traumatiques inscrits dans la thématique de sa création.

- **La reviviscence émotionnelle curative**

Cette reviviscence affective, consciente et acceptée, d'une part des événements traumatogènes et d'autre part de leur réception psychologique, traite le matériau de la mémoire, explore une vie. Elle est souvent un des préalables mentaux pour sortir d'un ressassement traumatique. C'est à partir d'elle que sera possible mise en mots et mise par écrit.

Ainsi, l'écrivain ne peut manquer de faire vivre, à lui-même, à ses personnages et à travers eux au lecteur, l'expérience d'une remémoration du vécu, du ressenti et du pensé. Même, il mettra tout son art à réussir cette revisitation. Ainsi, il pourra être significatif de repérer la présence de ces reviviscences émotionnelles, lexicalisées, stylisées et leur rôle de support à une stratégie de neutralisation de l'envahissement traumatique.

- **La mise en mots et mise sur papier libératoires**

Cette opération de mise en texte, qui offre de clamer silencieusement ses maux, entrecroise pensée, parole et écriture dans une dynamique thérapeutique. Elle permet au souvenir pénible de ne plus embouteiller la conscience puisque le papier devient gardien de la mémoire morbide et la maintient en dehors de l'être. Grâce à cette mise en mots et sur papier, la nomination juste, esthétique et expressive est attribuée aux affects et stabilisée par la force de l'écriture qui surpasse la parole. La mise en texte, qui est tout un art de mise et de remise en ordre, amène à apposer le vocable libérateur « fin » sur un vécu problématique. Elle rapproche l'expérience obsédante au monde de la fiction et aide à s'en dégager.

Cela conduit à parcourir les œuvres littéraires concernées en portant une attention révélatrice sur des procédures narratologiques et rhétoriques mises aux services des cheminements d'une sortie de l'enfermement psycho-traumatique.

- **La quête de sens et l'élucidation**

La mise en mot et en texte permet de manière privilégiée de redynamiser la puissance clarifiante du sens des informations tissées par les choix d'écriture. On bénéficie de l'effet miroir du texte pour questionner, éclaircir, et faire émerger le réajustement cohérent des éléments, la signification adéquate des situations, émotions et actions. Cette quête de cohésion à travers les signifiés des énoncés peut alors aider à dénouer la trop grande indulgence et la trop forte négativité à l'égard de soi-même. Il devient possible de conscientiser et d'élucider les tactiques d'auto-sabotages et de dissociations illusoires et pénalisantes, les comportements inappropriés que l'inconscient et même le conscient ont mis en place face à l'intrusion psycho-traumatique.

Dans une hypothèse du dépassement de la mémoire traumatique, il sera révélateur de repérer comment le travail de l'écrivain se particularise par une véritable exploration du corps, du cœur, de l'âme, de l'environnement… de la mémoire à la recherche du sens existentiel des expériences relatées et/ou de l'apprivoisement des manques intériorisés.

- **Le déminage des zones sensibles**

L'association de la reviviscence consciente, de la mise en mots, et de la recherche de sens, accompagnées ou autogérées, rend possible un déminage des espaces sensibles de la mémoire. Les terreurs et les croyances incrustées qui ont été mises par écrit et conscientisées peuvent être nettoyées, purgées, désamorcées et cela aussi est exprimable à travers l'écriture.

Validée par l'écriture thérapeutique plus récente, la potentialité cathartique de la littérature est traditionnellement connue et relevée chez les écrivains et dans leurs œuvres.L'intérêt pour nous, c'est de l'apprécier dans le contexte d'évacuation littéraire de la mémoire traumatique potentielle ou effective pour des œuvres spécifiques.

• La réintégration autobiographique

Les régions douloureuses du psychisme peuvent donc être objectivement déminées dans une démarche subjective par la médiation de l'écriture sur la base d'une reviviscence émotionnelle et une conscientisation mentale. Le vécu et le ressenti traumatiques, expurgés peuvent alors se réinsérer dans une mémoire biographique habituelle et devenir expériences de vie, heureuses ou malheureuses mais intégrées, partageables, valorisables, et même valorisantes. De nouvelles visions constructives et de nouvelles conduites positives peuvent être initiées en remplacement des anciens dérèglements.

L'élaboration textuelle génère ainsi un processus de rangement et de réarrangement psychologique. Il sert de support pour réorienter la conscience personnelle et sociale non pas vers le passé mais dans une actualité axée sur le devenir et le développement.

Nous serons donc amenés à saisir où et de quelle manière nos écrivaines de référence construisent le réagencement biographique des événements et des pensées en vue d'un réalignement mémoriel émancipateur pour les acteurs du récit, mais aussi pour l'auteur et le lecteur.

• Le lien positif partagé avec soi-même et avec le lecteur

Justement, nous avons perçu comme une virtualité thérapeutique de l'écriture, la conscience d'une réappropriation de la relation brisée entre émetteur et destinataire. Cette reconquête relationnelle curative se réalise par l'entremise de l'écriture et de la lecture de l'aventure traumatique et de sa gestion aboutie ou bloquée. La mise par écrit est comme un message acceptable adressé à soi-même et partagé avec un autre qui le reçoit et qui contribue à lui donner sens, portée et valeur. Ainsi, la compréhension de soi par soi-même et par un autre est activée par le canal de l'écrit. On brise l'isolement intérieur et l'isolement interpersonnel à propos de ce qui néantise notre existence et notre sociabilité et aussi à propos de ce qui a permis notre relèvement. On peut même permettre à autrui de partager et de transmettre des effets bénéfiques de notre expérience ou de notre fiction.

Ce lien auteur, œuvre et lecteur va par sa positivité et sa négativité contribuer à la réalisation ou non du projet d'écriture littéraire. C'est un jeu d'appel-réponse ou écrire ne se suffit pas mais doit être complété et conforté par se lire et être lu.

De même, à notre sens les clés déjà avancées pour notre analyse demandaient à être complétées et renforcées. C'est ce que nous avons fait avec ces sept virtualités de guérison de l'écriture que nous venons de privilégier en matière d'atteintes psycho-traumatiques.

Nous pouvons donc maintenant synthétiser les éléments de gestion analogique de nos quatre parcours de lecture quant au dépassement de la mémoire traumatique liée à l'Offensive du Têt.

Ce dépassement psychique s'annonce plus précisément comme un processus de résilience psychologique.

1.4.8. Bilan général pour nos quatre parcours de lecture

La prise en compte de l'impact des conflits historiques nous a permis de saisir depuis l'antiquité jusqu'à la dévastatrice Guerre du Vietnam, au XXe siècle, la notion de traumatisme psychique qui résulte du dénuement face à des violences terrorisantes et mortifères. Nous avons pu considérer les deux définitions du trauma considérées comme les plus achevées : celle de Louis Crocq et celle du DSM-IV américain. Ces définitions nous ont conduits à considérer la grande diversité des variables du psycho-traumatisme, tant les facteurs déterminants que la typologie de référence.

Nous avons pu alors approcher, en complément le concept de mémoire traumatique, « trouble de la mémoire implicite émotionnelle » développé en particulier par Muriel Salmona. Pour capter cette notion présentée comme centrale à toutes les manifestations du psycho-traumatisme, dont l'État de Stress Post-Traumatique, nous avons exploré le concept de mémoire lui-même et de mémoire émotionnelle en particulier. Nous avons donc eu à mieux entendre les principaux symptômes de la mémoire traumatique et les troubles associés. Cela nous a ouvert la voie à découvrir les principes de traitement et de la mémoire traumatique mis en avant par la Docteure Salmona en vue de la résilience.

Dans ces principes, nous avons concentré notre attention sur les médiations artistiques dont la création littéraire à but thérapeutique. Nous avons cependant spécifié que notre objet de réflexion était bien l'écriture pleinement littéraire. Nous avons donc abordé le lien entre la littérature libre et autonome, le souvenir et le traumatisme.

Notre entreprise avait pour but de faire ressortir des démarches psychothérapeutiques d'évacuation de la mémoire traumatique susceptibles d'éclairer par analogie des stratégies narratologiques de dépassement de cette même mémoire traumatique dans l'invention purement littéraire.

Nous avons fait ressortir ces clés de référence pour notre analyse en cinq points : d'abord en relevant les caractéristiques de l'événement potentiellement ou effectivement traumatique, puis en repérant les symptômes principaux de la mémoire traumatique et les troubles associés, après en identifiant les procédures fondamentales de dépassement exposés par Muriel Salmona, ensuite en examinant la vocation de la littérature de s'appuyer sur la mémoire et l'imagination pour exprimer l'indicible du traumatisme, enfin en retenant les potentialités bénéfiques de la médiation par l'écriture thérapeutique.

Nous pouvons maintenant rassembler et synthétiser les orientations à même de guider nos parcours d'interprétation, de conforter ou non nos options de lecture, d'appuyer notre vision de l'âme résiliente viet, agent d'un « dépassement de la mémoire traumatique liée à l'Offensive du Têt, à travers quatre œuvres d'écrivaines francophones d'origine vietnamienne ». Voici, donc, nos axes thématiques autour de ce projet.

Nous avons fait émerger trois principes psychologiques pour évacuer le danger, l'enclenchement ou la cristallisation du syndrome traumatique et pour réintégrer événements et sentiments dans la mémoire explicite :

- le déminage immédiat qui empêche la formation du souvenir traumatique,

- le déminage différé, post-immédiat via une reviviscence consciente et pacificatrice,

- le déminage différé, tardif, extra-postérieur, qui permet de désamorcer la chronicité du traumatisme par une reconstruction de la cohérence psycho-biographique.

Dans cette vision, nous allons, dans les textes, chercher à :

- relever des remémorations d'expériences à coloration traumatique, suggérant des syndromes de réminiscences, d'évitements, d'hyperactivités, de dissociations, de conduites à risques et de perturbations associées.

- examiner les stratégies psycho-narratologiques d'évacuation pouvant confirmer la mise en œuvre des sept potentialités retenues de l'écriture thérapeutique : la mise en mots et mise sur papier libératoires, la reviviscence émotionnelle curative, la quête de sens et l'élucidation, le déminage des zones sensibles de la mémoire, la réintégration autobiographique, l'autonomie et l'autogestion, le lien positif partagé avec soi-même et avec le lecteur.

- caractériser ces parcours de dépassement en essayant d'identifier les dominantes possibles de leur déroulement et de leur bilan : immédiateté, post-immédiateté, tardiveté, spontanéité, conscientisation, progressivité, soudaineté, positivité, négativité, ambivalence.

Après la présentation des écrivaines et de leurs œuvres respectives, nous développerons d'abord un examen du texte Anna Moï, *Riz Noir*. Puis du texte de Kim Thúy, *Ru*.

Ensuite nous aborderons l'œuvre de Kim Doan, Sur Place et enfin l'œuvre de Linda Lê, Kriss. Nous chercherons à mettre en évidence en quoi leurs itinéraires d'évocation et d'évacuation sont en résonance avec des stratégies de résilience psychologique fondamentales et surtout exprime l'âme de résilience de l'entité Vietnam, au pays ou en dehors.

CHAPITRE - 2

Quatre écrivaines ressurgies de la guerre

Dans la perspective de la résilience psychologique, au cœur de cet ouvrage, nous présentons, dans ce chapitre 2, quatre écrivaines d'expression française et d'origine vietnamienne : Anna Moï, Kim Thúy, Kim Doan et Linda Lê. Ce sont des auteures de l'exil, nées entre 1955 et 1975, juste avant ou pendant le dernier conflit dit Guerre du Vietnam. Elles ont toutes les quatre une expérience des calamités et des traumatismes de la guerre en tant que victimes, témoins ou directement concernées. Déracinées, elles ont le vécu commun de l'entreprise de réinsertion dans un environnement nouveau, étranger et occidental. Elles partagent le choix d'écrire directement en français, langage qui est pour elles une langue seconde à des degrés divers.

2.1. Anna Moï, une âme-monde sauvage et indomptable

2.1.1 Ressurgie de la guerre en 1973

Anna Moï est née, au Vietnam, le 1er août 1955, à la fin de la colonisation française, dans la ville de Saigon qui s'appelle aujourd'hui Hô Chi Minh Ville. C'était la capitale de la République dans la partie sud du Vietnam qui a été dévasté par la guerre de 1964 à 1975. En effet, en 1954, ses parents ont quitté le Nord Vietnam pour le Sud, suite aux accords de Genève et à la séparation entre Nord communiste et Sud libéral. Le véritable nom d'Anna Moï est TRẦN Thiên Nga. Son prénom Thiên Nga signifie « Cygne céleste ». Elle a grandi dans l'angoisse et l'insécurité face à la guerre et à la mort. Elle est âgée de treize années au moment de l'Offensive du Têt en 1968. Après l'école française de Cholon au primaire, elle a été éduquée au Lycée Marie Curie à Saïgon où elle a obtenu le baccalauréat.

Ainsi, le Français deviendra pour elle comme une seconde langue maternelle, une langue de refuge qui la protègera et lui garantira un large espace d'expression. En 1973, en pleine guerre, elle a déménagé en France pour étudier l'histoire à l'université de Nanterre, grâce à une bourse gouvernementale française. Elle se destinait au journalisme. Mais bientôt, elle a migré vers l'industrie de la mode, grâce à sa sœur aînée. Elle a travaillé comme designer à Paris et à Bangkok et a aussi vécu quelque temps à Tokyo. Ainsi, elle se déplace beaucoup comme styliste et devient polyglotte, parlant vietnamien, français, thaï, japonais, anglais et allemand.

Comme femme d'affaires et artiste, elle est investie aujourd'hui dans le chant lyrique et dans une boutique de mode qui exporte ses créations aux États-Unis et au Japon.

2.1.2 Écrivaine de la mémoire et de l'indicible

Anna Moï s'est mariée à un économiste français et est mère de trois fils. En 1993, avec son mari, elle retourne vivre dans son pays natal où elle a commencé à écrire directement en français, sa seconde langue qui lui garantit alors sa liberté d'expression. Elle publie des récits qui ont souvent leurs sources dans le Vietnam contemporain. Elle est principalement nouvelliste, romancière et essayiste. Ses nouvelles mettent en scène des situations inattendues et porteuses d'humour ou s'appuient sur un élément dérisoire pour atteindre une profondeur poétique ou même métaphysique.

Ses romans accentuent les thématiques du destin, de l'anti-confucianisme et des rites de transition. Ils proposent différents niveaux de lecture et une combinaison de faits historiques et de méditations sur l'invention artistique tout en développant une mystique de la nature. Dans sa création littéraire, elle perçoit les mots tel un matériau à travailler à l'instar du bois pour le sculpteur ou de l'argile pour le potier. Elle développe depuis 2001 une œuvre polyforme.

Nouvelles : « *L'Écho des rizières* (2001), *Parfum de pagode* (2004), *Nostalgie de la rizière* (2012) ;

Romans : *Riz Noir* (2004), *Rapaces* (2005), *Violon* (2006) ; *Le Venin du papillon*, Paris, Gallimard, (2017) *Douze palais de mémoire*, Gallimard, (2021),

Essais : *Espéranto, désespéranto : la francophonie sans les Français* (2006) ; 80 mots du Vietnam, L'asiathèque (2023)

Récits de voyage : *Vietnam* (2007). *Le pays sans nom. Déambulations avec Marguerite Duras.* Éditions de l'Aube, La Tour d'Aigues (2017) (sur le Vietnam)

Journal : *L 'Année du cochon de feu* (2008). En 2005, Anna Moï a été faite « Chevalier des arts et des lettres » pour son premier roman francophone « *Riz Noir* ». Ce premier roman *Riz Noir,* publié en 2004, se concentre sur les blessures de l'histoire récente du Vietnam et présente la destinée de deux sœurs adolescentes qui ont été capturées, incarcérées et torturées par les autorités du Sud Vietnam, au bagne maritime de Poulo Condor.

À travers cette œuvre, Anna Moï rend audible l'indicible du traumatisme. Elle rend hommage aux femmes trop souvent absentes des génériques mémoriels dominants. Elle a porté ce texte en elle durant plusieurs années puisqu'elle en parle déjà dans sa première œuvre *L'Écho des rizières* sorti en 2001 : « *Pour la fin du millénaire, nous sommes allés en prison. Mieux que la prison : le bagne. Aller à Poulo Condore est à la portée de n'importe qui. (...) Mon amie T. a été enfermée au bagne en 1968 pour avoir posé une bombe au Quartier général de la police. Elle avait 15 ans. En 1974 (...) elle a été échangée contre un pilote américain emprisonné au Hanoi Hilton* » (Moï, 2007).

Ce roman qui manifeste l'anti-confucianisme d'Anna Moï, illustre aussi son choix littéraire d'investir la langue française plutôt que sa langue maternelle. Sur le journal Le Monde du 20 mars 2009, dans l'article " pourquoi ils écrivent en français", elle indique à Florence Noiville : « *Je fuis ma bonne éducation en migrant vers d'autres langues. Plus je m'en éloigne, plus je peux être iconoclaste et dire l'indicible* » (Le Monde, 2009).

2.1.3. Rebelle indomptable sous ombrelle francophone

Comme contributrice de la littérature francophone, elle est particulièrement engagée dans le débat sur la francophonie. Elle a participé à des rencontres sur le thème *pourquoi écrire en français* (2009) et a dédié son ouvrage *Espéranto, désespéranto* (2006) à la langue française tout en magnifiant une francophonie sans les Français. Ce dernier trait souligne sa personnalité d'insoumise, son orientation postcoloniale ou dé-coloniale, son souci et son respect de l'autre. Cela permet de mieux saisir, chez celle qui se surnomme « étranger universel » (*ibid.,* p. 43) la prédilection pour une « littérature-monde en français » (Rouaud, 2007) à la place d'une littérature dite francophone et d'une littérature dite française.

C'est comme une clé pour comprendre le nom qu'elle s'est donné : Moï. Ce nom est une référence aux minorités ethniques marginalisées du Vietnam. Elle explicite dans Espéranto, *désespéranto* qui est comme son manifeste identitaire : « *Je revendique, de moï, la qualité ou la tare, les défauts de couleur de peau et d'appartenance. Je suis consanguine des sauvages et des étrangers sur tous les sols piétinés et n'échangerais ma condition contre aucune autre* » (Moï, 2006, *op. cit.*, p. 66).

On pourrait penser par contre que le prénom d'écriture « Anna » s'enracine dans le terreau occidental français et serait à interpréter uniquement selon sa source hébraïque : Hannah, la grâce. Mais il reste que pour Anna Moï, fille du dragon, la langue française est un support, un matériau qui lui permet d'abriter son âme irréductible et d'exprimer sa quête d'une mondialité solidaire et émancipatrice.

Par la médiation de la résilience culturelle vietnamienne qui se mémorise dans l'écriture francophone, le pseudonyme Anna Moï se dépasse à travers « *an-nam-moï* » qui émerge et fait sens : *an*, tranquillité, sérénité ; *nam*, sud ; *moï*, sauvage. Ainsi, Anna Moï / an-nam-moï se revendique sérénité-sud-sauvage.

Anna Moï, toujours multiple, se distribue entre son domicile de Ho Chi Minh Ville, les Etats - Unis où, maintenant, vivent ses parents, sa boutique au quartier de Halles à Paris, le sud-ouest de la France et l'Algérie.

Plusieurs distinctions sont venues couronner son oeuvre:

- 2017 : prix Littérature-monde (festival Étonnants Voyageurs) pour Le Venin du papillon
- 2021 : prix La-Renaissance-française pour Douze palais de mémoire
- 2022 : Grand Prix Hervé-Deluen (Académie française).

2.2. Kim Thúy, une persévérance naturelle et insubmersible

2.2.1 Ressurgie de la guerre en 1978

Kim Thúy est née en 1968 à Saïgon, l'année de l'Offensive du Têt, tournant de la guerre du Vietnam. Dix ans plus tard, après la chute de Saïgon en 1975 et la réunification du Vietnam, comme des milliers de compatriotes, elle s'est enfuie de son pays natal cachée quatre jours dans la cale d'un bateau, dit *boat people*. Sa famille, de lointaine origine chinoise, voulait échapper à la brutale mise au pas du sud Vietnam par les forces communistes du Nord, vainqueurs de la guerre. Durant quatre mois, elle va vivre le cauchemar des camps de réfugiés en Malaisie. À l'âge de dix ans, comme un cadeau de la vie, elle est accueillie au Canada québécois, à Granby, avec chaleur et générosité. Elle y fera son insertion socioculturelle et y apprendra le français.

Kim Thúy a réalisé un double parcours à l'université de Montréal. Elle est diplômée en linguistique et en traduction depuis 1990 et elle est aussi diplômée en droit depuis 1993.

Elle est mariée à un Québécois et mère de deux garçons Justin l'aîné et Valmond le cadet qui est autiste. Elle habite maintenant à Montréal. Elle est retournée plusieurs fois au Vietnam, avec sa mère ou son mari, pour visiter la famille restée au pays. Elle a exercé plusieurs métiers au Québec, traductrice, interprète, chroniqueur, avocate, restauratrice à son restaurant « Ru de Nam », qu'elle a tenu pendant cinq ans à Côte-des-neiges.

2.2.2. Écrivaine du déracinement et de la reconstruction

Elle se lance en 2009 dans la littérature avec la parution de *Ru,* son premier roman. La teneur autobiographique de l'œuvre est évidente. Kim Thúy donne à revivre l'expérience du déracinement et de la reconstruction à travers son itinéraire de réfugiée vietnamienne partagé en famille.

Habitée par la thématique de l'exil et de la délicate transplantation, elle devient en 2011 co-auteure de *À Toi*, avec l'écrivain franco-suisse qu'elle a rencontré à Monaco et qui réside en Palestine, Pascal Janovjak. C'est un florilège d'échanges et de narrations alternées entre deux âmes partageant le vécu de l'émigration.

En 2013, elle publie le roman Mãn, qui à travers l'évocation sentimentale et la pratique de l'art culinaire vietnamien en expatriation, continue à parcourir les affects d'une bi-nationalité. De nouveau en 2016 avec le roman VI, elle invite à explorer la question de la réimplantation familiale entre le Sud Vietnam et l'Amérique. En 2017, des procédés culinaires familiaux traditionnels sont généreusement révélés à "l'autre", dans *Le Secret des Vietnamiennes*. La prise en considération de la différence et la reconnaissance de la beauté extra communautaire sont poétiquement magnifiées, (2019), avec la sortie d'un album illustré par Rogé, *Le Poisson et l'oiseau*. Enfin, en 2020 le roman *Em*, petit frère, petite sœur ou bien - aimée en vietnamien, conjugue comment les êtres humains perturbés par les conflits et le déracinement se trouvent amenés à une quête vitale de l'amour et du cocon familial quand les affres du passé les ressaisissent.

2.2.3. Romancière de première dans une langue seconde

Kim Thúy a elle aussi choisi d'écrire en français, sa langue seconde qu'elle a apprise après son arrivée au Québec.

Dès sa sortie, *Ru* a été un succès et les droits étaient vendus dans plus de 20 pays, en France, en Italie, en Suède, en

Allemagne, en Espagne... Pour cette œuvre, Kim Thúy a reçu prix et distinctions. Elle a gagné le Prix du Gouverneur général du Québec, catégorie romans et nouvelles en 2010. Elle a remporté le Prix du Grand public La Presse, Salon du livre de Montréal, catégorie Essai (2010). Elle a été lauréate du Grand Prix RTL-LIRE 2010, au Salon du livre de Paris. Elle a aussi obtenu le Grand prix littéraire Archambault en 2011.

« Prix de Kim Thúy :

- 2010 : Prix du Grand public La Presse, Salon du livre de Montréal, catégorie Essai
- 2010 : Grand Prix RTL-Lire pour *Ru*
- 2010 : Prix du Gouverneur général, catégorie romans et nouvelles pour *Ru*
- 2011 : Prix Premio Mondello per la Multiculturalità
- 2011 : Grand prix littéraire Archambault pour le roman *Ru*
- 2013 : Prix de la tolérance Paul-Gérin-Lajoie, remis en 2013 par l'organisme Ensemble pour le respect de la diversité
- 2015 : Chevalière de l'Ordre national du Québec, Gouvernement du Québec
- 2016 : Porte-parole du Petit Robert entre 2016 et 2018, Kim Thúy fait son entrée dans l'édition 2018 du Robert illustré
- 2017 : Doctorat honorifique de l'Université Concordia pour avoir prêté sa voix éloquente à l'expérience des réfugiés

- 2017 : Médaille d'honneur de l'Assemblée nationale du Québec
- 2018 : Prix Femmes de mérite de la Fondation Y des femmes de Montréal
- 2018 : Finaliste à l'obtention du prix Nobel alternatif de littérature
- 2019 : Compagne de l'Ordre des arts et des lettres du Québec
- 2019 : Doctorat honorifique de l'Université Bishop's pour sa grande implication civique et communautaire
- 2022 : Présidente du jury de sélection du Prix Ulrick-Chérubin
- 2023 : Finaliste de l'International Dublin Literary Award avec la traduction anglaise de *Em* (Radio Canada, 2023) » (L'Encyclopédie canadienne, 2023).

Grâce au succès de ses œuvres, Kim Thúy participe souvent à des rencontres avec les journalistes et les lecteurs, les critiques et les universitaires, les professeurs et les élèves. Elle initie et impose parfois ces rencontres, en dehors des programmations littéraires comme par exemple au Salon du livre de Gatineau :

« ... *J'ai osé imposer une demande : je voulais absolument aller dans un foyer pour personnes âgées... Je savais que ce n'était pas mon lectorat. Ce qui était important pour moi c'était d'aller leur parler, de dire merci aux aînés.*

C'est ma culture orientale qui m'a poussée à faire cela... » (Dusaillant-Fernandes, 2012).

De cette culture orientale, de cette imprégnation d'âme vietnamienne, de cet héritage vital de résilience par-delà les fragilités conditionnelles et les sujétions traditionnelles, Kim Thúy irrigue ses œuvres qui ruissellent d'une fluidité psychologique de résurgence quasi naturelle et insubmersible.

2.3. Kim Doan, une transplantée disgraciée mais persistante

2.3.1. Ressurgie de la guerre en 1975

Kim Doan voit le jour en 1965 à Saïgon, c'est l'année de l'intervention ouverte d'États-Unis au Vietnam. Elle a donc connu, enfant, l'expérience de la guerre. Dix ans plus tard, en 1975 avec la chute de Saïgon et la réunification, sa famille quitte le Vietnam pour s'installer à Paris. Elle a grandi donc en France et y développe sa vie socioprofessionnelle. Elle exerce différentes occupations dans le monde de la photographie et du cinéma. Elle intervient de manière discontinue dans de publicité cinématographique.

Elle a participé à l'écriture de scénarios et de courts métrages. En coopération avec Didier Rouge, elle a réalisé, en 1997, une analyse de film, « La Réalité transcendée », au sujet des *Parapluies de Cherbourg* de Jacques Demy. C'était au bénéfice du CNC du Ministère de la Culture et de l'Education nationale.

2.3.2. Écrivaine de l'exil spatial et intérieur

Sous le plan littéraire, elle a produit deux romans *Sur Place* publié en 2003 et *L'arrivée* édité en 2005. Les thèmes de l'identité et l'exil, tant géographique qu'intérieur, semblent prépondérants dans l'inspiration de Kim Doan.

2.3.3. Fécondité méditative et discrétion médiatique

Les réminiscences douloureuses, les réviviscences évacuatrices et l'ambivalence de la personnalité liées aux conséquences de la guerre à travers le temps semblent des préoccupations prépondérantes d'une intense vie intérieure. Mais c'est une écrivaine qui privilégie la discrétion médiatique qui se reflète dans sa biographie et sa bibliographie.

2.4. Linda Lê, une conscience crucifiée mais irréductible

2.4.1. Ressurgie de la guerre en 1977

Linda Lê est née au centre Sud du Viêtnam à Dalat en 1963. Son père, qui est ingénieur, est natif du Nord Vietnam et sa mère de souche asiatique est naturalisée française. À l'âge de six ans, lors de l'Offensive du Têt en 1968, sa maison familiale est bombardée. Cela l'a poussée à se déplacer avec toute sa famille à Saigon en 1969. Elle est inscrite dans un lycée français et elle développe un véritable amour pour la littérature.

Cependant, c'est là qu'elle va connaître l'emprise de la violence, de la déraison et de la mort. Il lui en restera un regard très sombre sur l'existence. Voici ce qu'elle en dit elle-même dans un entretien avec Catherine Argand, (2010) « *Tout a basculé lorsque nous nous sommes installés à Saigon. Je suis passée du paradis enfantin à l'enfer. J'avais six ans, la ville était une fournaise et les rapports entre mes parents s'étaient profondément dégradés. À partir de ce moment a commencé la chute, l'impression d'être damnée* ».

Avec la chute de Saïgon, en 1975, le régime Communiste du Nord s'installe au Sud. C'est la mise au pas. Linda Lê est forcée de quitter le Viêtnam à quatorze ans avec sa mère, sa grand-mère et ses trois sœurs. Ils s'exilent au Havre en France. Par contre, son père a décidé de rester au Viêtnam. Après son baccalauréat, quatre ans plus tard, elle part à Paris pour prendre les cours d'hypokhâgne et khâgne au lycée Henri IV. Comme elle n'arrive pas à entrer à l'Ecole Normale supérieure, elle s'inscrit à l'université de La Sorbonne. Là, elle poursuit sa thèse de doctorat sur « *le journal intime* d'Henri-Frédéric Amiel ». (2010)

2.4.2. Écrivaine de l'absence-damnation et du réajustement

Elle consacre sa vie à l'écriture et elle travaille alors comme préfacière pour les éditions Hachette. Elle publie son premier roman *Un si tendre vampire* à l'âge de 23 ans. Deux œuvres suivent, *Fuir* publié en 1988 et *Solo*, un recueil de nouvelles publié en 1989. Elle exclura ces trois premières œuvres de sa bibliographie officielle. Ses nombreuses publications se répartissent entre romans, nouvelles et essais.

Romans et contes autobiographiques : *Calomnies* publié en 1993, *Les Dits d'un idiot* publié en 1995, *Les Trois Parques* publié en 1997, *Voix*, une crise publié en 1998, *Lettre Morte* publié en 1999, *Les Aubes* publié en 2000, *Personne* publié en 2003, *Conte de l'amour bifrons publié en 2005, Cronos publié en 2010, À l'enfant que je n'aurai pas* publié en 2011 et *In Memoriam* publié en 2007, *Lame de fond* publié en 2012, *Œuvres vives* publié en 2014, chez Chirstian Bourgois.*Roman,* éditions Christian Bourgois, 2016, *Héroïnes*, éditions Christian Bourgois, 2017, *Chercheurs d'ombres*, essai, éditions Christian Bourgois, 2017, *Je ne répondrai plus jamais de rien*, roman, éd. Stock, 2020, avec Claude Eveno, *Memento mori*, éditions Sens & Tonka, 2022

Nouvelles : *Les évangiles du crime* publié en 1992 et *Autres jeux* avec feu publié en 1999

Essais : *Tu écriras sur le bonheu*r publié en 1999, Le *Complexe de Caliban* publié en 2005 et *Au fond de l'inconnu pour trouver du nouveau* publié en 2009, *Par ailleurs* publié en 2014 ». *Toutes les colères du monde* : *La colère*, éditions du Cerf, coll. « *Les 7 péchés capitaux* », 2021, *De personne je ne fus le contemporain*, éditions Stock, 2022 »

Avec le récit dialogué, Kriss suivi de L'homme de Porlock publié en 2004, Linda Lê approche de manière originale le genre théâtral sans s'y ancrer véritablement. Nous avons retenu l'aspect de texte narratif dialogué dans cet écrit incisif et poignant qui exprime, en arrière-scène, la blessure intime de l'absence-damnation vécue par l'écrivaine et sa déchirante contrainte de réajustement existentiel.

Linda Lê est reconnue par la critique littéraire pour son originalité. Plusieurs prix lui ont été attribués notamment « le prix de la vocation en 1990, le prix Renaissance de la nouvelle en 1993 ainsi que le prix Fénéon en 1997 et le prix international de littérature francophone Benjamin Fondane en 2009, le prix

Wepler pour Cronos et la Bourse Cioran en 2010, le prix Renaudot du livre de poche en 2011, le prix Louis-Barthou pour Par ailleurs (exils) et Œuvres vives en 2015, le prix littéraire Prince Pierre de Monaco pour l'ensemble de son œuvre. Plusieurs romans ont été traduits aux Etats-Unis, en Espagne et en Allemagne » Julie Assier (2010). Une partie de ces œuvres a été traduite en anglais, en néerlandais et en Portugais.

2.4.3. Plume perspicace et virulente puis apaisée

Son écriture est reçue comme acérée, lucide et dérangeante, mais une plus grande sérénité et plus de tendresse se manifestent dans ses dernières œuvres. Cependant, même si elle refuse, avec raison, d'être enfermée dans une dimension ethnique, culturelle, littéraire ou autre, en tant que fille du Dragon, elle apparaît rebelle, insaisissable, irréductible. Elle ne laisse pas le lecteur indemne et avec elle, on n'est jamais certain de l'interprétation.

Voici sa vision de la littérature : « *La littérature n'est pas faite pour les acquittés, elle n'est pas faite pour les élus. Elle est dans le camp des victimes et des sacrifiés, dans le camp des condamnés qui essayent, comme moi, de trouver leur salut et qui se cassent les dents* » (*ibid.*). Cette âpreté et ce pessimisme peuvent se rattacher à la mort de son père au Viêtnam en 1995. Depuis l'exil en France, en 1977, Linda Lê ne l'avait jamais revu. C'était son héros, son lecteur. Culpabilisée, elle a traversé une véritable crise dépressive avec des hantises, des envies de suicide, des conduites déséquilibrées. Elle a dû être hospitalisée et suivie en psychiatrie Le thème et la figure du père reviennent dans plusieurs de ses œuvres dont *Kriss*.

Linda Lê est décédée, à Paris, à l'âge de 58 ans, le 9 mai 2022, suite d'une longue maladie. En hommage, est sorti, en 2023, aux éditions du Cerf, *L'armée invisible*. C'est un recueil posthume de ses articles publiés dans *Le Magazine littéraire*, *Le Monde des livres* et *En attendant Nadeau*. Cette sélection permet d'apprécier la singularité, l'authenticité et l'intensité de la lectrice, l'autrice, la critique, l'essayiste, la romancière qu'était, dans sa retenue médiatique, cette Fille du Dragon, crucifiée mais irréductible.

CHAPITRE - 3

Quatre œuvres romanesques à caractère résilient.

Nous avons donc retenu quatre œuvres, une de chaque écrivaine : *Riz noir* publié en 2004, un roman à la première personne, mais non autobiographique, d'Anna Moï ; *Ru*, publié en 2009, un roman tiré de son propre itinéraire de refugiée par Kim Thúy ; *Sur place* publié en 2003, un roman à la troisième personne, mais avec un arrière-plan autobiographique, de Kim Doan ; *Kriss* publié en 2004 par Linda Lê, un récit sous forme dialoguée où transparait, dissimulée, la blessure intime de sa vie, la perte du pere.

Ces quatre textes font référence à la terre vietnamienne, à son peuple, à sa culture et son histoire. Ils évoquent en particulier la guerre du Vietnam avec ses violences et ses souvenirs traumatiques et présentent des références à l'Offensive du Têt, lors de la fête du Nouvel An vietnamien en janvier 1968. Cette gigantesque attaque surprise sur le Sud Vietnam, malgré son échec militaire, a marqué un tournant psychologique et stratégique dans le conflit.

Manifestation significative et décisive des ressources de rebond et de réajustement de l'âme vietnamienne, elle sera abordée dans le tome 3 au sujet de la résilience anthropologique et historique. Notre parcours actuel veut baliser des processus littéraires de résilience psychologique.

Nous avons évoqué les quatre créatures sacrées de la tradition vietnamienne, au chapitre 1, le dragon, la licorne, le phénix et la tortue. Elles représentent toutes une dimension de résilience qui permet, en sous-titre, de signifier symboliquement le caractère résilient de chacune des quatre œuvres que nous allons présenter dans ce chapitre 3.

***Riz noir*, le rebond du dragon :** La référence au dragon est évoquée dans *Riz noir* à travers, par exemple, l'image de Van, la vaillante mère des deux héroïnes, Tan et Tao. Elle réussit, par son excellence en matière de soie laquée, à enchanter justement la Dragon Lady, épouse du premier ministre et belle-sœur du président au Sud Vietnam, au profit de l'éducation de ses filles. Ces dernières arrêtées et emprisonnées dans un bagne funeste s'identifient et se comportent en filles du dragon. C'est d'ailleurs ce titre, *Les Filles du Dragon*, qu'Anna Moï avait initialement envisagé.

***Ru*, le renouveau de la licorne :** Dans la tradition vietnamienne, la licorne est un animal fantastique, mi-lion mi-dragon avec des éléments de buffle et de cheval. Elle est considérée comme vectrice de protection et de prospérité. Chance, bonne fortune, bonheur, justice et paix lui sont associées. Mais surtout, à travers sa danse au sein de la fête du nouvel an, le Têt, elle est associée à la force et la fidélité familiales, au renouveau et au futur favorable. Le narratif de *Ru* est comme irrigué des effluves de cette vision existentielle de l'âme vietnamienne.

***Sur place*, la renaissance du phénix :** nous nous contentons de renvoyer aux éléments déjà présentés, au chapitre 1, à propos de l'image du phénix et des noms de la protagoniste du roman, Loan et de son alter ego positif, Phuong. Le récit lui-même comme on le verra étant celui de la résistance et de la renaissance de Loan à travers le dépassement du traumatisme de son double exil géographique et intérieur.

***Kriss*, la ré-émergence de la tortue** : Dans la culture vietnamienne, la tortue, figure légendaire, personnifie, longévité, force, intelligence, sagesse, libération et indépendance nationale retrouvée.

En effet, les enfants vietnamiens apprennent qu'une tortue d'or mythique a prêté au chef rebelle, Le Loi, l'épée enchantée qui lui permit de défaire les envahisseurs chinois de Ming au XVe siècle et de devenir le roi, Le Thai To. Ce ``Grand-Père -Tortue``, lui aurait réclamé au nom du Roi-Dragon, l'ancêtre vietnamien mythique. Le retour du glaive sacré en ré-émergeant devant lui au lac Hoan Kiem, lac de l'épée restituée.

Ainsi, nous entendons marquer un double rapprochement ré-ajustant :

- d'une part entre deux armes blanches offertes en vue d'une action réparatrice, le kriss, l'épée prodigieuse de la libération contre l'invasion qu'il sera pourtant demandé de restituer et le Kriss de la revanche, poignard fascinant à la lame sinueuse avec de supposés pouvoirs magiques qui finalement, sera rengainé.

- d'autre part, entre deux réapparitions qui orientent une rentrée des armes, un retour à l'équilibre, une résurgence pacifiante, une conscience de résilience, la réapparition providentielle de la torture du Lac Hoan Kiem, la réapparition de Stan, le reparateur espèré de Kriss.

3.1. *Riz Noir* d'Anna Moï, le rebond du dragon

Pour présenter *Riz Noir,* Anna Moï confie : « En 1968, la guerre du Vietnam bascule. La violence parvient à son paroxysme lors de l'Offensive du Têt : Saigon est à feu et à sang. Au-delà de certains faits réels, j'ai tenté de donner à voir et à sentir le Vietnam de mon enfance. Ce roman m'a été en partie inspiré par l'histoire authentique de Tan, que j'ai connue au lycée, et de Tao, deux sœurs de quinze et seize ans arrêtées, torturées puis internées dans le bagne de Poulo Condor, au large de Saïgon, à la fin des années 1960 » Moï (2004).

Le récit est raconté à la première personne à travers la mémoire martyrisée de Tan. C'est un témoignage sur les violences traumatiques liées à la guerre du Vietnam et sur les voies de réponses à ses agressions mortifères. Cet ouvrage se divise en vingt-neuf chapitres distribués en quatre parties : La capture, L'enfance, L'année du Singe, Au bagne.

3.1.1. La capture, génération d'une fausse-couche

Dans la capture, Tan évoque leurs premières nuits, enchaînées à quatre, dans une des minuscules cages à tigres du bagne : ciel ouvert, un mètre cinquante sur deux mètre cinquante, donc moins d'un mètre carré par prisonnière, un bloc de ciment comme lit, et un récipient en bois pour toilettes.

La narratrice présente ensuite leur arrivée et la zone où elles sont parquées, un de quatre camps du bagne, rebaptisé ironiquement, « *camp de la Mer de Prospérité* » : d'ex-dangereux bagnards comme gardiens, coups de matraques, silence imposé, froid, faim, soif, riz sans sel recouvert de mouches noires comme repas.

Après un rappel des circonstances de leur arrestation, elle évoque avec dérision les tortionnaires, gens ordinaires et les séances de tortures pour obtenir aveux, informations et dénonciations.

Une description du supplice atroce de l'*asello*, la torture de la goutte d'eau est exposée ainsi que les pratiques d'électrocution. Tan signale également ses tactiques mentales de résistance face aux inquisiteurs modernes. Une assimilation sarcastique de Tan et de Tao aux sœurs Trung, héroïnes nationales de la résistance antichinoise, est tentée pour les déstabiliser. La violence des interrogatoires provoque la première menstruation et la fausse couche de Tan, qui ignorait son début de grossesse.

3.1.2. L'enfance, saga d'une mère courage

Dans la deuxième partie, L'enfance, Tan fait jouer sa mémoire. Elle rappelle le temps de l'enfance pour mieux résister à l'enfer de Poulo Condor. Elle évoque sa famille et surtout sa mère Van qui est une orpheline abandonnée et adoptée. Durant sa pauvre enfance, elle devait vendre des beignets de bananes aux élèves riches de l'école française de Cholon qu'elle ne pouvait pas fréquenter. Cela a fortifié son caractère et forgé sa volonté de rebondir. Tan fait alors allusion à la naissance de sa sœur et à la sienne puis à la mort de son père quand elle avait deux ans. Van, veuve et mère courage, va se lancer, de manière autonome, dans la confection et la vente de coupons de soie laquée pour éduquer ses deux filles.

En 1962, son talent et sa créativité vont séduire, Mme Ngô Dinh Nhu, la Dragon Lady, femme du Premier Ministre et belle sœur du président. C'est une amatrice exclusive de tenues en soie laquée distinguées et de fêtes fastueuses au palais présidentiel. Cela amènera la réussite financière de Van et l'acquisition d'une maison blanche, « *la Maison du Bonheur* » (Moï, 2004, *op. cit.*, p. 71).

Malgré la discrimination sociale, la mère de Tan, véritable fille du dragon, obtiendra la réception de ses filles à l'école française et marchera à égalité avec les femmes de la *Haute* de Cholon. Anti Confucianiste, elle va inculquer à Tan et à Tao un esprit anticonformiste et réactif. Elle leur fera aussi apprendre le judo comme autodéfense, vu l'absence d'homme dans la famille. Cette absence est cependant bien vécue et assumée par Van qui est plutôt féministe.

Poursuivant le parcours vers la fin de l'enfance, la mémoire de Tan va évoquer deux événements marquants du début des années soixante. Elle se rappelle l'immolation volontaire par le feu du moine bouddhiste Thich Quang Duc le 11 juin 1963, à Saigon. Ce geste tragique auquel elle assiste exprime l'opposition à l'autoritarisme de Ngô Dinh qui cherchait à museler les religions non-catholiques.

Cela permet à la narratrice de dépeindre comment Ngô Dinh est aussi impliqué avec sa famille dans la corruption, la luxure et le trafic de stupéfiants. Cependant, il est trahi par ses alliés américains et assassiné dans un coup d'État en novembre 1963.

Avec le soutien des mêmes américains, Nguyên Van Thiêu devient le nouveau président. Malgré la guerre qui s'amplifie, il ramène une certaine stabilité à Saigon. Mais le couvre-feu est de rigueur et annonce la perturbation à venir.

3.1.3. L'année du Singe, l'appel au renouveau

La troisième partie s'appelle *L'année de Singe*, c'est l'année de l'Offensive du Têt, remémorée dans le vécu de Tan. Elle est enfermée à la maison maternelle et les choses et les événements sont beaucoup perçus à travers la sensation féminine conscientisée (couleurs, goûts, odeurs, senteurs, émotions). Elle présente avec détail et poésie le déroulement traditionnel et familial de la fête du Têt. Dans ce cadre, elle évoque la surprise, la violence et l'ampleur de l'attaque, les bombardements et le basculement qui s'opère. Dans la maison, six personnes sont confinées avec le couvre-feu. On trouve la grand-mère paternelle, qui conduit l'hommage aux ancêtres, van, Tao, Tan et Miên, l'aide-ménagère et un seul homme, le cousin Long, qui se cache du meurtre d'une fiancée.

Un deuxième homme les rejoint. Van a choisi d'accueillir Oncle Ba qui est un leader révolutionnaire, étudiant en médecine et catholique. Il est recherché par les autorités du Sud. Son nom est Nguyen Duc Minh et il a trente ans environ. Il n'a pas de véritable lien de parenté avec eux. Adolescente de quinze ans, en pleine impatience, Tan est à la recherche d'un sens fort à la vie, d'un renouveau qui comblerait sa jeune soif. Un soir, sous le charme de la musique et de la pleine lune, elle va se donner dans un élan d'amour à Minh.

3.1.4. Au bagne, dignes filles du dragon

Après cet intermède mémoriel de l'enfance et de sa fin, Tan nous ramène au bagne dans la quatrième et dernière partie. C'est l'occasion d'évoquer l'existence et la résistance de figures féminines qui peuplent solidairement ce lieu sinistre. La plus marquante est Phuong, militante et combattante communiste du sud. Elle a dû abandonner son nouveau-né pour la lutte. Nouveau trauma, blessée par un obus durant l'Offensive du Têt et insensibilisée par l'urgence, elle s'est elle-même amputée d'un bras. Tan, la présente comme une combattante indestructible, malgré son handicap. Dans sa cage, elle pratique le tai-chi et préserve son énergie. Entre la chaleur de son corps et de celui de Tao, Tan trouvera un réconfort maternel au cœur de l'enfer activé par la honteuse agressivité des geôliers.

Une figure très différente est celle de Hong. C'était une actrice d'une beauté et d'un charme exceptionnels. Elle était l'amante du célèbre général sudiste K., extrêmement jaloux bien que marié et père de famille. Ce dernier n'a pas supporté sa liaison avec un planteur d'hévéas qui était lui aussi fou d'elle et voulait l'emmener. Un sbire du général l'a aspergé d'acide sulfurique. La moitié de son visage a été détruite et son cuir chevelu atteint. De plus, le général K. l'a fait exiler et interner au bagne de Poulo Condor. Hong, souffrant d'un cancer, est en phase terminale et bénéficie du réconfort des codétenues. Elle reçoit les soins bienveillants du docteur Tuan, détenu politique en semi-liberté pour avoir sauvé l'épouse d'un responsable du bagne.

Malgré leur situation déplorable, ces femmes généreuses se soutiennent par les chants, les confidences, l'amitié, les pratiques cultuelles. Elles n'hésitent pas à revendiquer aussi pour la libération des mères et leurs nouveau-nés. En réponse, elles sont baignées de chaux vive entre autres maltraitances. Leur peau pèle et se détruit mais se régénère. Les organismes sont très sévèrement endommagés et déréglés dans une vie séquencée par les interrogatoires, la torture, les punaises, la mauvaise nourriture aux mouches et le rationnement même de l'eau. Tao sera très gravement éprouvée et hospitalisée.

Dans la prison, grâce à l'aide d'un médecin, Tuan, des informations sur le conflit circulent secrètement. Le massacre de My Lai est alors ainsi révélé aux détenues, ainsi que les intenses bombardements chimiques. L'élimination à bout portant, médiatisée en direct de Minh, l'amant de Tan est évoqué comme celle d'une « *bête sacrifiée aux démons* » (Moï, 2004, *op. cit.*, p. 232).

Les odeurs, les couleurs, la végétation, les potentialités de vie, émergent de la mémoire comme des signes d'une renaissance annoncée après la dégradation. Cette espérance sera relayée par la visite de sénateurs américains qui dévoileront les conditions de détention. Finalement, après vingt-deux mois de captivité dont dix-huit mois dans les cages à tigres, elles sont échangées contre des militaires américains et libérées. En elles l'aspiration au bonheur a survécu et cohabite avec une mélancolie pour les lieux où leur adolescence a été entravée et où leur substance s'est incrustée. Les filles du dragon ont re-émergé à travers l'agression destructrice des eaux de l'isolement et du feu de la torture.

3.1.5. Narration psychologique et poétique

De toute évidence, le récit de cette confrontation et de cette résistance aux offensives traumatiques de la guerre ne suit pas la chronologie. Il est volontairement déstructuré dans des courts segments de quelques pages sans fil conducteur évident en apparence.

Dans le déroulement réel des événements, *L'enfance* et *L'année de Singe* viennent avant *La capture* et la partie au bagne. Mais même à l'intérieur des parties et des chapitres, nous assistons à des retours en arrière des interférences et des allers-retours entre antériorité, postériorité et actualité du moment évoqué.

Dans l'épisode des sénateurs américains en visite au bagne qui veulent enregistrer ses paroles Tan confie : « J'ai dû en récupérer les éléments éparpillés dans ma mémoire avant de les lui donner (…) En dix-sept mois de captivité, des parcelles de mon cerveau se sont déchiquetées. Ma vie antérieure se résume à des haillons .. .) D'un passé que l'on croyait indélébile n'affleurent que quelques estampilles imprécises » (Moï, 2004, *op. cit.,* p. 222).

C'est le temps psychologique, l'enchaînement des souvenirs qui organise le récit. L'utilisation du présent de narration permet de relater cette captivité comme un arrêt dans le cours de la vie.

Mais, il n'y a pas d'expression de haine ni vraiment de plainte et une certaine poésie se dégage du texte. Cela tend à nourrir chez le lecteur un sentiment d'empathie et de considération pour toutes les filles du dragon mises en scène dans cette œuvre avec à la fois leur fragilité et leur irréductibilité. Elles semblent manifester une capacité de dépassement, de résilience.

3.2. *Ru* de Kim Thúy, le renouveau de la licorne

Le mot *ru* a une double signification française et vietnamienne. En français, *ru* désigne un petit ruisseau au sens propre et un écoulement au sens figuré. En vietnamien, *ru* désigne une berceuse ou le fait de bercer.

Dans son roman *Ru*, d'inspiration autobiographique, Kim Thúy met en scène une narratrice à la première personne, Nguyên An Tinh. Cette dernière raconte, à travers son point de vue interne, le chemin de vie, de survie et de renaissance d'une réfugiée vietnamienne rescapée des *boat people*. Après le cauchemar des camps de réfugiés surpeuplés et insalubres de Malaise, à l'âge de 10 ans, elle va trouver accueil et réinsertion à Granby au Québec avec sa famille.

3.2.1. Narration poétique au gré des réminiscences

Mais dans *Ru*, souvent, Kim Thúy va donner aussi voix à toute une panoplie d'autres personnages qui nous font découvrir, avec retenue, la diversité traumatique et régénératrice du vécu de la guerre, de l'exil et de la réinsertion.

C'est par exemple pêle-mêle : la confrontation au bombardement, l'expropriation et la perte de tous ses biens, l'arrestation arbitraire, l'emprisonnement et la maltraitance, le risque d'être tué, la séparation du reste de la famille, l'exil sans perspective de retour, le surnombre dans la cale nauséabonde de *boat people*, l'effroi de la faim, de la soif, de la contamination d'un naufrage, la promiscuité et le dénuement à deux milles dans un camp prévu pour deux cents, l'absence de sommeil et de repos, la cohabitation avec mouches, vers, excréments, sous pluie et soleil, le renoncement à la langue maternelle, la contrainte d'une langue étrangère, l'occupation d'emplois peu valorisants, l'angoisse d'une autre manière de manger du riz, toute une gamme d'humiliations et de blessures mais aussi de résistance, d'adaptation et de reconstruction.

L'écriture est poétique et donne une impression de simplicité et de légèreté mais, est chargée d'émotion dans une tonalité souvent tragi-comique. Le récit semble se dérouler, en brefs fragments, dans un désordre apparent au gré des réminiscences de la narratrice.

3.2.2. Galerie familiale, vectrice du devenir

Un des fils conducteurs de la narratrice est l'histoire de sa famille de lointaine ascendance chinoise par son arrière-grand-père maternel qui a épousé une Vietnamienne.

Lors de la mise au pas de Saigon par les vainqueurs communistes pro-nationaux, cette origine chinoise donnera une carte de sortie du pays.

Par des morceaux de souvenirs épars, la galerie familiale est dépeinte avec affection et une certaine teinte de tendre ironie. Voici l'ordre d'apparition dans le pêle-mêle de la mémoire.

D'abord, on découvre sa mère, Nguyen An Tĩnh, qui est une femme courage, une femme sagesse, une femme d'autorité mais surtout une femme mère, à l'amour invincible. Ensuite, ses deux enfants qui sont nés après l'exil Pascal l'aîné et Henri le cadet sont nommés avec leur faciès plutôt occidental qu'ils tiennent de leur père.

Henri, prisonnier de l'autisme, est pourtant par son sourire, une source de « joie », de « bénédiction » pour sa mère. Le père de la narratrice apparaît dans les premiers fragments comme le transmetteur de l'art de s'adapter pleinement à l'instant présent.

Quelques bribes plus loin, sa grand-mère, maman de dix enfants et porteuse de la luxueuse et candide beauté saïgonnaise fait tache face aux jeunes inspecteurs communistes qui ont réquisitionné la moitié de la maison familiale et qui cohabitent avec eux.

L'oncle six est évoqué dans la cale du boat people. Il est associé à l'art de voyager en emportant le minimum. L'arrière-grand-père maternel chinois qui s'était vietnamisé par le mariage est remémoré.

C'est une occasion de rappeler la division équilibrée de sa descendance entre clan vietnamien et chinois, reflet de la division du pays entre Nord et Sud. L'oncle Chung ou oncle Deux, politicien et séducteur, le frère aîné de la mère est cité en tant que connexion entre les deux bords. Mais il permet de montrer ses deux fils et surtout sa fille, « *sa princesse* » la cousine Sao Mai.

La narratrice n'est que l'ombre obligée de celle-ci au grand désespoir de sa mère. Le grand-père maternel est présenté comme patriarche à Saigon et détaché des soucis quotidiens. Son grand-père paternel, lui, victime d'un AVC avant sa naissance, est pris en charge par la sœur cinq de son père qui est restée célibataire et a renoncé aux joies du monde pour s'occuper des parents.

Une tante six et son mari, bel-oncle six sont remémorés comme étant parvenus au « rêve américain » après avoir souffert de mal nutrition extrême, trente ans auparavant dans les camps de réfugiés de Malaise.

Son mari « blanc », est évoqué, avec humour, à propos d'un voyage au Vietnam où un cyclo-pousseur de Danang demande à la narratrice, combien elle était payée pour lui servir d'escorte girl. Belle-tante deux, épouse d'oncle Deux est resté à Saigon, où elle dépérit d'amour-blessé pour son fils indigne qui consume tout l'avoir familial.

Ailleurs, l'enfant six de la grand-mère maternelle, tante Sept, force la porte de la mémoire pour hurler ses angoisses d'handicapée mentale et agiter, de son déséquilibre, grand-mère, mère, tantes, enfants, narratrice toute jeune, toute une discordance saïgonnaise d'une vingtaine d'entités. Vers la fin, tante huit, complice des palpitations d'enfance et oncle neuf, initiateur de l'éveil culturel sont actualisés lors du rassemblement festif de trente-huit membres de la famille à New York, signe de la renaissance.

Dans cette galerie familiale, les parents sont l'objet d'un hommage palpitant où domine une profonde reconnaissance car l'éducation donnée et les sacrifices consentis ont permis de ressusciter la force du devenir.

3.2.3. Aux gens du pays, hommage et reconnaissance

Kim Thúy a dédié *Ru* « au gens du pays ». D'après sa vision de la vie, cette dédicace cible le Vietnam et les Vietnamiens mais n'exclut pas le Canada (nouveau pays) et les canadiens. C'est un autre fil conducteur dans le puzzle des remémorations.

Elle donne une visibilité aux différentes victimes de la guerre sans distinction de bord. Le texte est donc l'occasion d'une évocation éparpillée mais interconnectée d'une série de personnages. Voici quelques-uns des plus marquants : Monsieur Minh a fait les études de littérature à Paris. Ancien prisonnier de camp de rééducation du Vietnam, il a survécu grâce à l'écriture. C'est lui, qui transmet à la narratrice « *le désir d'écrire* » (Thúy, 2009, *op. cit.*, p. 95).

Monsieur An, ancien juge et professeur a été lui aussi détenu en camp de rééducation pour activité contre-révolutionnaire. Il a survécu pour avoir contemplé des variations du ciel au moment où les soldats communistes ont collé un pistolet sur sa tempe. Il a enseigné à la narratrice les nuances du bleu et de la vie.

Monsieur Vinh, chirurgien, prévoyait son emprisonnement à Saigon. Il a envoyé séparément ses cinq enfants sur les boat people différents pour en sauver au moins un. Une fois rescapé, il les a retrouvés tous, au Canada, élevés par un prêtre qu'il servira par reconnaissance.

Anh Phi est un jeune garçon, pourtant dans le besoin et avec une mère pauvre. Mais il a sauvegardé avec bravoure et moralité « *le paquet de taels d'or* » (*ibid.,* p. 96), deux kilos et demi, de la famille d'An Tinh, indispensable pour la fuite en boat people. C'est son héros de jeunesse pour son altruisme.

Dans cette même errance mémorielle, la narratrice rend hommage à une longue suite des blessés physiques et émotionnels des violences de la guerre : les femmes vietnamiennes « au dos arqué » qui ont porté le pays, les « GI » américains, saturés de peur, qui avaient besoin du réconfort des femmes « *louées à l'heure », les orphelins métis issus « des nuits endiablées des GI* », (*ibid.,* p. 88) et proscrits à cause de cela.

3.2.4. Anges, fées, parrains et rêve américain

Pour remercier la générosité chaleureuse des bénévoles québécois (individualités et familles) qui les ont accueillis et qui ont accompagné leur insertion et leur ré-enracinement, elle évoque le souvenir d'anges, de fées et de parrains dotés d'un pouvoir de transfiguration.

Jeanne « *la fée en maillot et collant rose* » (Thúy, 2009, *op. cit.*, p. 66) lui a appris à libérer sa voix des nœuds de son corps afin qu'elle réussisse à franchir la barrière de ses lèvres. Johanne est l'ange conducteur et protecteur, la camarade de classe et de vie qui n'est rebutée par aucun des défauts de son « amie » vietnamienne.

Marie-France, sa première enseignante au Canada, lui a fait franchir la passerelle vers un nouveau présent et l'a protégée, telle, une mère cane préserve son caneton. Claudette est la marraine au grand cœur qui a ouvert le paradis de sa maison à monsieur Kiet et a offert une deuxième naissance au bébé survivant de monsieur Kiet. Ce dernier, en toute confiance lui a confié ce bébé, son seul et dernier trésor après la mort de sa femme dans le naufrage de son *boat people.*

Dans la catégorie des anges et des fées, une place un peu à part revient à des non bénévoles, la famille Girard. Elle personnifie le rêve américain que nourrit toute la diaspora vietnamienne nord-américaine. Madame Girard, qui a employé la mère comme femme de ménage, est « *blonde platine comme Marilyn Monroe, avec des yeux bleus, bleus, bleus* » (*ibid.*, p. 80).

Monsieur Girard est « *le fier propriétaire d'une voiture antique étincelante* » (*ibid.*) Ils possèdent une « *maison blanche au gazon parfaitement tondu, aux fleurs bordant l'entrée, aux tapis dans toutes les pièces* » (*ibid.*). Leur fille est détentrice d'une panoplie de robes qu'elle lègue à la narratrice quand elles sont trop petites. Elle l'invite aussi « *à assister à ses concours de patin à roulettes* » (*ibid.*).

Dans un cheminement de renaissance, An Tinh et les siens mettront trente ans à s'approprier ce fameux rêve américain, avec leurs pertes et profits, en suivant le cours du *ru* francophone sans renoncer au bercement de leur mémoire par le *ru* vietnamien.

3.3. *Sur Place* de Kim Doan, la renaissance du phénix

Le récit est raconté à la troisième personne. Il s'articule autour d'une jeune femme de trente ans, Loan, qui revient, après vingt ans d'exil, dans son Viêtnam natal désormais réunifié.

3.3.1. Psychotraumatisme familial pluriel

Loan est orpheline de mère. Cette dernière était souvent absente et oublieuse de sa fille, privée de l'amour de son mari, elle avait suivi son amant. Quand ce dernier l'a abandonnée, elle s'est suicidée dans une chambre d'hôtel, un an avant le départ en exil de la petite Loan. Cette dernière a très peu connu son père, homme introverti et utopiste.

En voulant échapper à l'emprise de la guerre, il a aussi délaissé sa famille pour se réfugier en France quand Loan avait à peine cinq ans. Il ne lui a laissé qu'une photo qu'elle a gravée dans sa mémoire. Ce père désiré et sublimé réapparaît brièvement, six ans plus tard, deux mois après l'arrivée de Loan en France. Mais il reste distant et semble la rejeter sans doute parce qu'elle ressemble trop à sa mère qui l'a déçu comme épouse. La communauté familiale traditionnelle élargie, est écartelée entre le Viêtnam, la France et les États-Unis. Loan s'est marié à Basile qui est d'origine occidentale. Il cherche constamment avec tendresse à tempérer l'instabilité de Loan et à la ressusciter au bonheur.

3.3.2. Exilée et étrangère dans son pays natal

D'habitude, une Vietnamienne ne voyage pas simplement pour le plaisir et se déplace rarement seule. Les visites familiales sont souvent un motif déterminant. Loan veut bien sûr revoir la terre de son enfance. Mais, on peut penser qu'elle revient au pays pour retrouver ses proches, et que Basile, son mari resté à Paris, n'a pu l'accompagner. Cependant, à cause de son anxiété dans l'avion, on pressent très vite des raisons obscures, secrètes, et même douloureuses à ce voyage. On entrevoit aussi, à travers ses méditations et visualisations, que le paysage va jouer un rôle significatif au cours de cette visite.

Elle vient pour trois semaines de vacances au Viêtnam. Ce séjour va rattraper trente ans de refoulement et reconstituer segment par segment son parcours de vie. Elle a prévu de passer la première semaine en famille chez sa grand-mère à Ho-Chi-Minh-Ville, ex-Saïgon. Les deux autres doivent lui permettre de parcourir et découvrir le pays. C'est en elle un désir très fort. Elle n'a pas eu la chance de bien connaître le Vietnam car elle est partie à l'âge de dix ans. Mais sa terre natale avait déjà imprégné son enfance.

Une fois au pays, à Saïgon, elle téléphone à sa grand-mère, mais cette dernière est absente car elle visite une partie de la famille exilée aux Etats unis. Mais, la réception de l'appel par son Oncle Vinh et la voix de ce dernier au téléphone la déstabilisent étrangement. On devine entre elle et son oncle un non-dit angoissant et menaçant. Totalement perturbée, elle renonce à la visite familiale et part pour Hanoï, un peu en touriste.

Cependant le séjour à Hanoï, au milieu de l'agitation et du grouillement de la foule et des véhicules, est décevant et même traumatisant. Elle espérait des retrouvailles chaleureuses et réconfortantes avec sa terre et sa communauté. Elle se découvre exilée dans son pays natal, exclue de la communion socioculturelle et qualifiée comme telle de « *Việt Kiều, donc de vietnamienne de l'étranger* » (Doan, 2003, *op. cit.,* p. 44).

Par exemple, son comportement, sortir seule le soir, s'asseoir à la terrasse d'un café, fumer la font immédiatement cataloguer, mépriser et rejeter car tout cela est indigne d'une véritable femme vietnamienne. De plus, son vietnamien est resté celui d'une enfant de dix ans, ce qui redouble sa marginalisation. Loan est au bord de l'effondrement mais le destin lui tend la main en la personne de Phuong qui est aussi une Việt Kiều.

3.3.3. Cinq rencontres psychothérapiques

Phuong, chapitres ii à v, elle est aussi âgée de trente ans et a vécu vingt ans en France. Depuis six mois, elle est rentrée et habite Hanoi. Elle sera pour Loan une confidente, un réconfort et un guide. Elle a connu l'échec d'une première tentative d'exil, le meurtre de son mari par les garde-côtes communistes, la perte consécutive de son bébé avorté à sept mois dans son ventre, les camps de rééducation. Puis, elle a vécu une seconde fuite par les *boat people*, l'attaque et le viol par les pirates. Elle a réussi à refaire surface en France. Mais, rentrée au pays, elle est, elle aussi, discriminée négativement. Elle va, telle une mère, aider Loan à avancer vers la signification de son prénom car Loan veut dire « phénix », celle qui renaît de ses cendres. D'ailleurs, Loan, qui maîtrise mal le vietnamien assimile Phuong à Phung qui signifie aussi Phénix.

Au hasard du périple, quasi touristique qu'elle poursuit pour retrouver son pays, une série d'autres rencontres révèle d'autres êtres souvent à la recherche, eux aussi, des lambeaux de leurs vies. Et, toutes ces rencontres et ces confrontations vont contribuer au déblocage du secret ténébreux enterré dans l'inconscient de Loan :

Tuan, chapitre v et vi, Loan, émue de gratitude, a fait des adieux difficiles à Phuong. Elle prend le train pour visiter Hué, l'ancienne capitale impériale qui a été presque entièrement détruite lors de l'offensive du Têt.

Dans le compartiment, elle remarque un homme qui lui rappelle un peu son père par son aspect et qui cherche le contact. Il lui demande, si elle est vietnamienne sans énoncer l'état de Viêt Kiều. Loan, reconnaissante, accepte la conversation et ose préciser qu'elle est de l'étranger.

L'homme se présente, Lê Vũ Tuân. Bien qu'il n'ait pas critiqué le fait qu'elle fume, Loan, désormais prudente, se dissimule à lui derrière le prénom de Phuong. Ils se font des confidences. Tuan, originaire de Hué, est un ancien militant, officier et combattant du Nord. Il avait consacré et sacrifié sa vie à la cause révolutionnaire. Il porte la blessure de la disparition de sa famille dans la destruction de Hué en 1968.

Aujourd'hui, il est dans les affaires, mais il est seul avec sa vie détruite. Il est déçu, amer et perturbé par la braderie des valeurs de la révolution. Cela touche Loan qui lui accorde une certaine estime même si elle le trouve inquisiteur à son égard.

Cependant, comme elle est une Việt Kiều et qu'en plus, elle voyage seule, même s'il a appris qu'elle est mariée, Tuân la presse, l'assiège de manière suffocante. Il l'invite insidieusement chez lui et ne la lâche plus. Loan stressée s'en sortira par la rencontre d'Emma.

Emma et Paul, chapitre vi et vii, c'est un couple de francophones que Loan a rencontré à la descente du train à la gare de Hué. Emma a accepté la supplication désespérée de Loan qui lui a demandé de se faire passer pour une amie retrouvée par chance afin d'échapper à l'emprise de Tuân.

Harassée, Loan s'attache à Emma et à Paul son mari comme une enfant en recherche d'adoption et descend dans le même hôtel qu'eux. Ainsi, elle découvre justement en surprenant une dispute qu'ils sont venus adopter un enfant au Viêtnam.

Durant toutes les excursions à Hué, elle est repérée, discriminée et rançonnée en tant que Việt Kiều. Elle en est excédée et finit par exploser dans une véritable crise nerveuse d'amour et de haine pour ses compatriotes. Elle invective même Emma et Paul en dénonçant leur projet d'adoption. Ils la laissent brutalement tomber en la mettant en face d'elle-même « *Si ton pays t'insupporte tant que ça pourquoi tu y es revenue, alors ?* » (*ibid.*, p. 232). Loan fond en larmes dans une repentance indistincte.

Bao, chapitre vii, c'est l'accompagnateur pour l'excursion dans les vestiges impériaux de Hué. Il dévoile en vietnamien l'histoire de ses malheurs à Loan. C'est un ancien sergent de la République du Sud.

Après la chute de Saigon et l'échec de sa tentative d'exil, il est passé par un cycle abominable de onze ans de camp de rééducation. Puis, pendant cinq ans, il a tenté vainement le faire valider une sortie du Viêtnam selon l'accord passé avec les États-Unis en faveur des officiers internés du Sud.

Il s'acharne à culpabiliser Loan sur leur différence de situation, de salaire et de chance. Il est en fait rempli de dépit et de ressentiment contre celle qui a réussi à s'échapper et à s'enrichir contrairement à lui. Loan est ulcérée mais réduite à l'impuissance. Elle se sent contrainte de lui laisser dix dollars avec une remarque humiliante et revancharde.

Tom, chapitre IX, fait partie des anciens militaires américains traumatisés qui reviennent en pèlerinage sur les lieux de batailles. Loan le rencontre à Saïgon dans l'hôtel où elle est descendue pour éviter d'aller chez sa grand-mère à qui elle a l'intention contrariée de téléphoner. Ils commencent par se mentir sur leur véritable origine et finalement se démasquent l'un l'autre :

« - *Je sais, c'est absurde de revenir ici en pèlerinage et de se défendre d'être un ancien GI au Vietnam… - Ce n'est pas plus absurde, tu sais, que de retourner dans son pays natal et de se faire passer pour une étrangère…* » (p. 264).

Tom est un ancien de la base américaine de Khe Sanh. Il est revenu en quête d'une rémission mais il n'a pas eu la force d'y aller à nouveau. Loan qui a été démasquée porte dans tout son être la blessure d'avoir été écharpée continuellement en tant que Việt Kiều.

Toutes les maltraitances et les frustrations de son enfance lui reviennent avec une violence émotionnelle pathologique. Et surtout, elle a arraché de l'oubli le fait monstrueux d'avoir été violée à six ans par son oncle Vinh sans réaction de sa grand-mère.

Elle entrevoit en Tom qu'elle va humilier l'image insupportable, redoutée et détestée de son oncle Vinh. Elle s'acharne avec une cruauté maladive sur Tom, sur les horreurs qu'il a pu commettre sur les angoisses qui le poursuivent et le terrorisent. Elle oblige à confesser les atrocités commises. Elle le brise et le terrasse jusqu'aux sanglots convulsifs. Mais, sa vengeance assouvie, elle est elle-même, hyper-excitée, contaminée et culpabilisée.

Alors elle le console par un baiser violent, ardent et désespéré. Ils ont alors une relation brutale et extrême de défoulement compensateur. Après cette union quasiment bestiale, Loan est prise de convulsions et son corps se dégorge de toute sa bile. Tom et Loan sont enfin déchargés de leur agressivité et de leur haine. Face à leur propre réalité de vie chacun, ils ne peuvent plus que se dire définitivement et douloureusement adieu dans un baiser léger, chaste, grave et apaisé.

3.3.4. Arrivée finale au pays de soi-même

Loan trouve alors finalement la force, au-delà du sentiment de culpabilité, pour téléphoner à sa grand-mère paternelle. L'oncle Vinh, frère de son père, est encore présent au moment de l'appel et elle le perçoit. Le même silence installé depuis vingt-quatre ans entre la grand-mère et sa petite fille au sujet de l'acte atroce et traumatisant du fils et de l'oncle continue à régner.

Loan raccroche le téléphone mais désormais, elle reconnaît et accepte enfin que malgré l'affection qu'elle porte à sa grand-mère, qu'elle lui en veut profondément et qu'elle vivait un dédoublement consternant.

Fréquemment et de manière désordonnée, le cours du récit a été suspendu par les fragments de réminiscences intrusives de Loan avec des crises d'angoisse et des troubles dépressifs.

Les thèmes principaux de ces réminiscences sont : les frustrations de l'enfance et une certaine gaucherie personnelle, la relation de manque affectif avec sa mère, le rapport trop distancié à sa grand-mère, les échanges ambigus, pervers et mortifiants avec son oncle Vinh, le lien d'absence et la rencontre décevante avec son père, sa propre apparente dureté de coeur…

Chapitre - 3

Ces souvenirs traumatisants sont de temps à autre amortis par des remémorations plus apaisantes de son vécu avec Basile, son mari. Au téléphone, il lui maintiendra son amour après l'aventure avec Tom et la délivrera d'avoir à en parler.

Le couvercle noir du ciel de Saïgon se perce et laisse venir une pluie rafraîchissante et lessivante. Loan trouve abri dans la cathédrale de son enfance où, ressourcée, elle se réapproprie les différents segments de son existence.

Après des larmes de soulagement, elle peut savourer, à nouveau, au grand air une soupe traditionnelle aux herbes aromatiques. Elle s'accueille désormais sereinement comme Viet Kieu. Elle s'autorise posément de s'offrir au prix imposé un de ces désirs d'enfance : une de ces tuniques de soie moulante et au col rigide, rouge terre rurale, avec les flancs volants tournoyant élégamment dans les évolutions.

Dans cette tenue indubitablement vietnamienne, elle est à même d'agréer sa ressemblance réconciliatrice avec sa mère. Elle réinvestit aussi sa pleine filiation paternelle et tout le positif de son attachement familial. Elle fait calmement le deuil de son enfance révolu.

Dans l'avion, entre Saïgon et Paris, elle assume pareillement les deux espaces de vie et s'accepte Vietnamienne et Française. Elle redéfinit enfin sa terre identitaire et son lieu d'enracinement véritable, comme étant, sur place, en elle-même personnellement.

Enfin, elle se remémore l'expérience vécue, après Hanoi et Hoa Lu, sur les hauteurs de Sapa, cette modeste station montagneuse aux frontières avec la Chine. Elle a contemplé en elle avec son regard intérieur les paysages vietnamiens qu'elle était venue chercher sur place, hors d'elle-même. Et elle les porte dans son être depuis toujours et dans toutes les places où elle se trouvera.

3.4. « *Kriss* » de Linda Lê, la réémergence de la tortue

Le texte, *Kriss suivi de L'homme de Porlock* a été édité en 2004. C'est une œuvre sous forme dialoguée dans le style du théâtre antique. Le Kriss est défini par le Petit Larousse comme un « poignard malais à lame ondulée, en forme de flamme » Linda Lê (2004).

3.4.1. L'immersion fatale dans le Post-Vietnam syndrome

Nous sommes en Amérique huit ans après la guerre du Vietnam. Kriss, comme un couteau impatient de servir, attend le retour de son jeune frère Stan pour exécuter une vengeance. Son père, un vétéran de la guerre du Vietnam a été assassiné par le shérif avec la complicité de sa mère dix ans auparavant. Les deux enfants et la mère sont restés traumatisés par ce souvenir. Kriss a confié à son ami Faithful le formatage de son jeune frère, Stan pour la vengeance.

À son retour, armé d'un Kriss, il doit poignarder Famke dans une vengeance sanglante et grandiose qui doit compenser le sang du père répandu dans la piscine, son corps criblé de balles. Le texte nous présente ce retour dramatique de Stan. Il se présente sous la forme d'un prologue suivit de quatre mouvements. Le Prologue met en scène des vétérans américains de la guerre du Viêtnam en proie aux symptômes traumatiques du Post-Vietnam syndrome.

3.4.2. L'attente dépressive et conflictuelle

Le premier mouvement, l'attente donne à découvrir Kriss dépressive dans un dialogue avec des enfants où elle évoque amoureusement son père et le meurtre horrible avec Stan comme témoin.

Le mouvement suivant le duel présente une confrontation agressive et cruelle entre Kriss et sa mère, Famke. Il est question du meurtre, de la personnalité controversée du père et du retour vengeur de Stan.

3.4.3. Le retour espéré mais désarmant

Le retour, l'avant dernier mouvement donne à découvrir la réapparition tant espérée et tant redoutée de Stan qui demeure anonyme sous le masque d'un ami. Il informe qu'il est mort, qu'il n'aura pas de vengeance et même qu'il n'y a pas de bien fondé à la vengeance.

Mais, il terrorise Famke avec une macabre histoire d'insectes : il lui fait visualiser symboliquement comment le sphex traque et crucifié, par trois coups de son dard empoisonné, le grillon pétrifié de terreur

3.4.4. L'adieu mental et vital à la vengeance

Le dernier mouvement, l'adieu réunit Kriss, Famke, Stan et des enfants. Pour un adieu frustrant à la violence et à la vengeance. Kriss doit consentir à l'abandon de sa fixation vengeresse et surmonter son dépit.

Elle ne peut que se réconcilier avec sa mère hantée par la vision du sphex meurtrier et du grillon immolé. Stan lui s'en va vers une autre vie peu gratifiante de spécialiste des insectes sans perspective affective et familiale.

Kriss fait enfin le deuil de son père mais demeure dans le déni, maladif et protecteur en proclamant qu'il n'est jamais allé au Viêtnam.

CHAPITRE - 4

Quatre quêtes vers la résilience psychologique

Comment percevons-nous les processus de résilience psychologique, que nous rattachons à l'âme vietnamienne, dans les quatre œuvres que nous venons de présenter au chapitre 3? Nous estimons que, respectivement, dans les romans *Riz Noir*, *Ru*, *Sur Place* et *Kriss*, les écrivaines Anna Moï, Kim Thúy, Kim Doan et Linda Lê mobilisent les sept potentialités thérapeutiques de l'écriture que nous avons retenues au chapitre 1, « *Résilience psychologique et démarches d'écriture* » section iii et iv : la mise en mots et mise sur papier libératoires, la reviviscence émotionnelle curative, la quête de sens et l'élucidation, le déminage des zones sensibles de la mémoire, la réintégration autobiographique, l'autonomie et l'autogestion, le lien positif partagé avec soi-même et avec le lecteur.

Nous les avons énoncés dans cet ordre final qui correspond non pas au processus réel d'écriture mais à notre parcours de lecture.

En effet, dans notre analyse, tout repose bien sûr, d'abord sur la mise en mots, la mise en texte. C'est à travers elles que nous avons accès aux réviviscences, matériau mémoriel des œuvres. C'est alors que se découvrent la quête de sens et l'élucidation via la formulation et le traitement des souvenirs. De là, on réussit à repérer le travail de désamorçage des régions douloureuses de la mémoire.

Et, c'est toujours grâce au support énonciatif qu'il est possible de relever l'élaboration de la réintégration biographique et de la relance du développement personnel.

Dans un tel parcours, on arrive alors à faire le point sur la stratégie de gestion littéraire générée par l'auteur dans la narration en vue de la résilience.

C'est bien enfin, sur la base de tout ce cheminement d'écriture que, par la lecture, le partage se déroule dans une triple dimension : entre l'écrivain et son texte abouti, entre l'écrivain, le texte et ses lecteurs, ainsi qu'entre le texte et les lecteurs en dehors de l'écrivain.

Ainsi, pour assurer le dépassement des souvenirs traumatogènes évoqués ou plutôt réévoqués dans la rédaction, cette mobilisation des sept potentialités se concrétise et s'harmonise dans une mise en œuvre littéraire d'un processus de résilience psychologique.

Dans son déploiement, ce processus de dépassement est fondamentalement relationnel, actif et multiple. Il implique, en effet, trois conditions :

Premièrement, une dynamique préparatoire où le sujet est rendu capable de percevoir et de recevoir un soutien salutaire à travers la relation : relation avec soi-même (réflexion, imagination, vie intérieure…), relation avec autrui (famille, amis, aidants…), relation avec l'environnement (naturel, culturel, spirituel…). Ce préalable à la résilience se met en place soit avant la rencontre traumatique, soit après cette rencontre comme potentialité de relèvement.

Deuxièmement, une dynamique d'affrontement et d'endurance face à la menace traumatique pour chercher à surmonter l'effondrement psychique en cours. Ce sont des réactions d'urgence, de protection et de sauvegarde. Troisièmement, une dynamique de clarification, de réintégration et de renouvellement de l'être qui aboutit à un dépassement psychique de la menace ou de l'installation traumatiques.

En cohérence avec notre référence particulière au schéma actantiel posé au chapitre 1, nous percevons une correspondance entre cette triple dynamique du processus de résilience et les trois épreuves de la quête narrative.

Nous relions la préparation au processus à l'épreuve qualifiante, l'exposition et l'endurance à l'épreuve principale et la clarification, réintégration à l'épreuve glorifiante. L'interaction des quatre forces de notre quadrige actantiel vers la résilience, l'âme vietnamienne, la violence traumatique, la mémoire traumatique et l'écriture psychothérapique, nous apparaissent à travers ces trois dynamiques ou ces trois épreuves qui se déploient selon les trois axes du désir, de la quête et du vouloir.

Nous allons donc proposer la présence identifiable, selon nous, de cette triple dynamique de dépassement dans ces quatre romans francophones qui magnifient, chacun à leur manière, l'âme de résilience vietnamienne :

- une préparation au processus de résilience psychologique,
- une exposition et une endurance à la menace traumatique,
- une clarification, une réintégration et un renouvellement de l'être.

4.1. Processus immédiat, conscient et positif dans « *Riz Noir* »

4.1.1. Préparation au Processus de résilience psychologique dans *Riz noir*

Dans *Riz Noir*, la narratrice Tan dévoile au lecteur certains éléments préalables ou actuels qui ont aidé sa soeur, Tao, et elle-même à développer un comportement résilient durant l'expérience terrifiante des cages à tigres au bagne de Poulo Condor. Deux ordres d'influences relationnelles semblent avoir joué dans leur psychisme.

D'abord, grâce à leur mère, elles vont être prédisposées à la réactivité, à la résistance et au rebondissement avant leur arrestation. Ensuite, après l'emprisonnement, elles vont bénéficier de leur solidarité fraternelle et du soutien relationnel des co-détenues et du médecin Tuan. Ainsi, voici, un des discours que leur tient, durant leur enfance, leur mère, Van, veuve et femme seule : « Vous voyez, les filles… Il faut toujours aller chercher la différence. Soyez différentes, ne vous conformez pas, méprisez le confucianisme, allez le plus loin possible » (Moï, 2004, *op. cit.*, p. 52). Ne pas se soumettre, avoir de la créativité, oser autant qu'on peut sont donc, des clés de pensée et de comportement qu'elles vont introduire dans leur manière de réagir aux différentes situations de la vie. La non-soumission à l'autorité d'un homme va les préparer à ne pas fléchir devant les geôliers, les tortionnaires, et les représentants mâles de l'autorité oppressive.

D'ailleurs, Tan précise à propos de la gestion de leur vie familiale qu'elles sont trois femmes véritablement maîtresses de leur existence. En les enveloppant de son affectivité et de son autorité, Van va aussi leur imposer de pratiquer le judo en expliquant que c'est une arme d'autodéfense. Leur corps, leur mental et leur émotivité seront initiés à faire face de manière autonome et adaptée à l'adversité : « *Il n'y a pas d'homme pour vous protéger, alors il faut apprendre l'autodéfense… Le judo n'est pas un sport de combat mais de défense* » (*ibid.,* p.74). Une autre caractéristique de l'esprit du judo est d'exploiter à la fois les forces et les failles de l'agresseur contre lui-même. Tan et Tao sauront se souvenir de cela lors des interrogatoires.

Par ailleurs, la pratique adéquate du judo développe les ressources favorisant la résilience : endurance, confiance en soi, discernement, initiative, souplesse physique et mentale, créativité. Les contes et légendes découverts en famille ou à l'école vont aussi nourrir l'imaginaire et la mémoire pour être à la disposition de la conscience lors des différentes confrontations traumatisantes. Voici deux exemples : la légende des deux indomptables *sœurs Trung*, (p. 34). (Les deux sœurs Trung, en l'an 39 après J.-C., menèrent une révolte contre l'occupant chinois. Vaincues par l'armée des Han, elles se suicidèrent pour éviter la capture), sera convoquée de part et d'autre dans l'affrontement avec les tortionnaires. Le conte de Rapunzel (pp. 196-197), appris à l'école sera un recours psychologique face à la cruauté des geôliers et au stress de l'enfant perdu de Tan.

Dans le quotidien traumatique du bagne, le développement d'une solidarité féminine va nourrir et stimuler les facultés de résilience personnelle et collective. La main tendue à la souffrance peut être simplement la chaleur d'une présence physique et affective : « *Nous sommes ensemble, Tao et moi. C'est une chance de ne pas avoir été séparées. Il fait particulièrement froid, … C'est très venté* » (p. 23).

Cette présence affective ravive le corps et recharge l'esprit en recréant le sentiment régénérateur de l'enfance : « *Entre les corps tièdes de Tao et de Phuong, je me sens comme un bébé emmailloté…* » (p. 135).

La valeur de la solidarité sociale qui redonne à l'être traumatisé confiance dans l'autre et dans sa propre valeur agit dans les péripéties douloureuses de la vie au bagne. La solidarité entre toutes ses entités féminines martyrisées va conférer au corps et à l'esprit la solidité suffisante pour imposer la libération des deux bébés qui hurlent de faim car leurs mères qui sont emprisonnées n'ont pas de lait. « *Libérez les bébés* » (p. 135), cette victoire de la confiance partagée sera obtenue au bout de quatre jours de protestation et de résistance à un arrosage de chaux vive.

Cependant, l'apport masculin n'est pas ignoré. Quatre cents femmes et deux cents hommes dans la cale du bateau pour être enfermée à Poulo Condor. L'eau s'est infiltrée jusqu'au-dessus de la taille des prisonnières. Déjà, à bout de force, les hommes ont pourtant fait un pont avec leur bras pour tenir au-dessus des eaux les femmes épuisées et les enfants. Cet altruisme renforce le courage et la détermination de Tan qui mobilise toute la vitalité de ses quinze ans et sa confiance en elle-même. Elle refuse l'aide des hommes et laisse ce bénéfice aux plus faibles. Mais elle acceptera pour elle et sa sœur Tao les contributions du docteur Tuan face aux atrocités et à l'isolement du bagne. La capacité de résister est aussi suscitée par les inscriptions et les petits messages laissés ou cachés par les prisonniers précédents. Ces billets générateurs de survie circulent secrètement entre les pensionnaires du bagne. Ils sont mémorisés et préservés pour maintenir la transmission. Voici par exemple une citation culte de Victor Hugo : « *Et s'il n'en reste qu'un, je serai celui-là* » (p. 154). et voilà, un message bouddhique, repris en 1920 par le prince Buu Dinh. Ce texte a été inséré dans le mur et a été trouvé par Tan :

> « *Je refuse la soie, quand d'autres sont en bure*
> *Né dans un palais, je renonce aux honneurs*
> *Sans regrets pour les titres, je me parjure*
> *Las, las d'entendre de mon âme les pleurs* » (p. 155)

Comme elle a intégré en elle ces écritures inspiratrices, elle confie : « *La force, je la puise dans ce palimpseste écrit par des milliers de captifs au fil de la solitude* » (*ibid.*). Les facultés de réponse sont renforcées par l'influence fortifiante de l'environnement naturel présent au bagne. Ainsi, Tan, enfermée admire avec confiance par un orifice la magnificence, la vitalité et la plénitude d'une feuille de noyer. En fait, les éléments mis en lumière à propos de la préparation à la résilience sont en corrélation avec ce que dit M. Tousignant, pour ceux qui affrontent le stress et le trauma : « *la présence d'un rapport de confiance avec l'entourage immédiat est déterminante pour aller chercher le courage de lutter* » (Michel, 1998). Cette référence aux facteurs favorables à la résilience nous amène à l'observation des réponses premières à la menace traumatique dans *Riz Noir*.

4.1.2. Exposition et endurance à la menace traumatique dans *Riz noir*

Dans cette réflexion sur le dépassement dans *Riz Noir*, nous voulons aborder les réactions d'urgence et les réponses de préservation directe face au traumatisme. Ici, certaines voies de résistance immédiates semblent repérables et s'entrecroisent : **humour, sublimation, déni ou retrait, détournement, renversement, ancrage affectif, projection, omnipotence, croyance.**

Anna Moï mobilise la dérision et un **humour** souvent noir pour marquer des tactiques de neutralisation du stress et du risque traumatique. Phuong, la guerrière révolutionnaire minimise le souvenir sanglant de l'auto-amputation de son bras avec la baïonnette en estimant qu'elle est heureuse de n'avoir perdu que le bras gauche.

Voici ce que dit à Tan, un des policiers délégués spécialement aux questionnements au bagne de Poulo Condor : « *Nous sommes ici un peu comme des étudiants en médecine. Nous venons disséquer les cadavres avant de devenir médecins* » (Moï, 2004, *op. cit.*, p. 25). La remarque est sinistre et relève d'un humour morbide.

En tout cas, cette vision permet à ces tortionnaires d'abolir la cruauté de leur activité et de la légitimer. Tan neutralise cette déclaration cynique par la **sublimation** existentielle : « *Je ne suis pas devenue un cadavre. Ils ont réussi à me faire perdre connaissance plusieurs fois, mais je vis* » (*ibid.*). Sa sœur, Tao, va mobiliser le même moyen de dérision pour faire face au bol de riz, sans sel, couvert de mouches à merdre qui est donné comme nourriture : « - *On mange ce qu'il y a, ce n'est pas le moment de faire la grève de la faim* » (p. 24).

Il y a comme un déni de l'aspect répugnant du riz qui est ainsi surpassé. Les deux sœurs font encore appel à l'humour pour positiver les bains de chaux vive qui leur brûlent la peau et altèrent leur santé : « *La chaux présente un avantage : elle tue les punaises* » (p. 140). Elle est donc bienfaisante et renforce la capacité de résistance des prisonnières.

Cette inversion positive du rôle négatif dévolu à la chaux blanche par les tortionnaires, introduit un véritable **détournement**, un **renversement** des rôles et protège les victimes qui deviennent bénéficiaires. D'ailleurs ce détournement avait été préparé dans la narration des prédispositions domestiques pour la fête du Têt.

Grâce à la chaux blanche, le cousin Long, à contretemps justement, avait repeint la maison et avait neutralisé les empreintes jaunâtres qui défiguraient les murs. Ce déplacement tactique des positionnements est pleinement utilisé par Tan pour affaiblir la position dominante des bourreaux lors des interrogatoires. « *Avez-vous des sœurs ? Quel âge ont-elles ? Que ferez-vous après la guerre ?* » *Quand ils ne répondent pas, je continue : « Aimez-vous Saint-Säens ? Avez-vous lu Guerre et Paix ?* » (p. 32). Ainsi, elle évite l'effondrement psychologique et déstabilise l'inquisiteur. Elle lui ravit son arme de pouvoir et d'infériorisation. Elle s'en ravit et s'en revit intérieurement. L'impact traumatique des séances d'interrogation est amorti.

Le **renversement** se poursuit quand Tan amène le lecteur à s'interroger sur l'existence des tortionnaires dans la vie courante puisque le chapitre s'intitule « Des gens ordinaires » : « *Il n'est pas impossible qu'en dehors de la villa Mai-Phuong ces jeunes tortionnaires lisent des romans, regardent la télévision, écoutent de la musique, et dansent dans un night-club, le samedi soir* » (*ibid.*). L'énumération renforce la mise en cause de ces jeunes tortionnaires.

En s'introduisant ainsi dans la vie privée de l'adversaire et en la dévoilant, cela permet mentalement de ne pas les laisser retrouver une convenance respectable à la sortie de leurs méfaits. Mais surtout, cela communique à la victime plus d'endurance et d'assurance face à l'agresseur.

Face à l'impact de la violence traumatique, l'énergie de la **croyance** aussi, par l'activation émotionnelle et mentale peut donner d'intérioriser et d'extérioriser l'endurance et l'assurance. Dans la villa, Mai-Phuong, Tan est sous l'emprise du choc de la perte de l'embryon et du fruit de son amour avec Minh. Entre deux séances de tortures, elle a droit à une promenade dans le parc.

Parmi la végétation, elle repère et récupère une pleine main des feuilles à teindre les ongles. La croyance traditionnelle accorde à la teinture rouge de cette plante la vertu d'exorciser les démons. Mais son envoi prématuré à Poulo Condor l'empêchera d'écraser les feuilles et de tester ce remède. Durant de cet épisode où elle est martyrisée, Tan ironise cruellement, en réponse, sur l'analogie entre d'une part l'ingestion forcée d'eau savonneuse irritante, l'administration du dard stressant des chocs électriques et d'autre part « *l'absorption de choses amères, acides et piquantes* » (p. 206) recommandée par la **croyance** ancestrale, au cinquième mois, pour remédier au mal du deuil.

Un autre recours défensif à la **croyance** a lieu au bagne même dans le chapitre intitulé à bon escient « Cicatrices ». Les quatre personnages, Tan, Tao, Phuong et Nu qui sont pensionnaires d'une même cage à tigres, se lancent dans des séances de spiritisme pour calmer leurs blessures psychiques. Nu, orpheline de mère, veut savoir si son père qui l'a élevée est encore vivant. Tan et Tao veulent découvrir la personne qui les a trahis.

Les tentatives d'interprétation de rêves de lac rouge, de reptiles qui obsèdent sont encore une recherche de secours dans les **croyances** coutumières. Ce secours est verbalisé quand Tao lit les songes « *d'oiseaux blancs aux ailes immenses et silencieuses* » qui poursuivent Tan. Tao les explique comme une prédiction positive de survivance et d'envol vers une longue vie même si cette sublimation n'est pas entièrement reçue par Tan. L'arme de la **sublimation** est souvent privilégiée. Elle s'utilise par exemple à travers le chant. Au bagne, Tan y a recours en la confortant avec **l'ancrage affectif** de l'évocation maternelle : « *Pour m'endormir, je chante les berceuses que tu m'as apprises...Quand je chante, je n'ai pas peur, je n'ai plus peur du tout* » (p. 32). Toutes les prisonnières s'adonnent à cette consolation par le chant. Les nuits de pleine lune, les mélodies d'amour sont entonnées de cellule en cellule.

La pratique admirable du taï-chi dans la cage par Phuong peut se rattacher à un procédé de **sublimation** où elle renouvelle son énergie vitale et se connecte au souffle inépuisable de l'univers. Dans le même temps, elle réalise la **projection** dans la verdure vivifiante de son village natal. La **sublimation** est vraiment d'actualité dans cette démarche. Ainsi, quand Tan rechigne à la gymnastique journalière parce qu'au lycée, elle n'aimait pas l'éducation physique, Nu la désavoue et appuie sur leur vitalité contextuelle : « *Ici, ce n'est pas pareil, dit-elle. C'est une question de vie ou de mort* » (p. 154). Il faut donc se dépasser. C'est à la fois une combinaison de **sublimation**, **d'ancrage affectif** et de **retrait** que Tan active face à la vision choquante de sa sœur torturée. Elle voit ses yeux magnifiques pleins de vie et à la couleur profonde.

Nous avons aussi l'appel à l'**omnipotence**. Quand Tao est amenée à la Poulo Condor, elle surpasse sa fatigue et repousse l'aide des hommes car à quinze ans, elle se sent invincible. De la même manière, Phuong qui s'est amputée d'un bras, déclare en permanence être indestructible. Elle renforce cette protection par une forme de retrait, en faisant le silence sur son enfant nouveau-né qu'elle a dû délaisser.

La référence aux sœurs Trung qui sont des emblèmes de la résistance est une forme de **projection** préservatrice pour Tan et Tao qui se veulent filles du Dragon. Elles se pensent donc invincibles même si leur peau est vulnérable et atteinte. D'ailleurs, la souplesse de cette dernière, malgré les brûlures et les lézards, reste entière du moins chez Tan. Mais, plus peut-être que les filles du Dragon, Tan et Tao, sont filles de Van, la mère

omnipotente. En elle, la mère, ses filles **s'ancrent affectivement**, **se projettent** et **se subliment** pour ne pas sombrer, pour trouver les ressources de la reconstruction. Elles savent intimement que si elle était à leur place, Van aurait fait face et aurait vaincu et que c'est ce qu'elle attend de ses dignes filles.

Ainsi, la focalisation de la mémoire sur la figure maternelle de Van est pour Tan un secours primordial en face de tous les enfers. Face au choc de la rencontre avec l'univers terrifiant du bagne, Tan imagine poétiquement qu'elle envoie une carte postale à sa mère : *« Chère mère, nous venons d'arriver, Tao et moi, dans l'ile (…) Te rappelles-tu les grands badamiers aux grosses baies sèches à tête de mort ? (...) Il y a un peu trop de mouches, comme à la campagne. Je n'aime pas tellement la campagne, comme tu le sais (…)* ».

Cette connexion mémorielle à la mère est tellement vitale, tellement salutaire qu'elle sera au cœur de la deuxième partie du roman, « *L'enfance* »*, et refera surface plusieurs fois dans la suite du texte. Les évocations de Minh associées à celles de la nature résiliente couronnent ces procédés d'endurance face à l'exposition traumatique. Quand elle dénonce le projet américain d'une terre à la végétation anéantie sans aucun espace pour se dissimuler ou se soigner et se reposer,* elle s'exclame en contre-point « *Ô mon amour, allonge-toi auprès de moi* » (p. 234). Cette évocation et invocation **sublime** transcende la mort horrible de l'être-aimé. L'intensité de cet amour inoubliable épouse poétiquement le verdoiement indéfectible des rizières. Mais avec cet investissement émotionnel et mental, nous entrons déjà dans un processus de mise en sens et d'élaboration consciente pour dépasser le traumatisme et actualiser la résilience.

4.1.3. Clarification, réintégration et renouvellement de l'être dans *Riz noir*

Il ne suffit pas de réussir à éviter la désintégration psychique pour accomplir une restructuration de la conscience existentielle. Il faut encore et aussi élucider l'expérience vécue, la réinsérer dans la mémoire biographique courante et réenclencher la poursuite du développement de son être. Dans la lecture de *Riz Noir,* nous pouvons en effet relever des traces analogiques de mise en œuvre de ces parcours. Tan, la narratrice mise en scène par Anna Moï est littéralement travaillée par la recherche du sens à travers les remémorations qui nous sont livrées. Dès le début du roman, dès « *La première nuit* » au bagne, elle est aspirée à discerner, à clarifier comme dans le passage suivant : « *Je n'ai pas fini de m'interroger sur le sens de tout ce qui m'arrivait, mais cette nuit-là, la première nuit, je cherchais seulement à comprendre l'origine de la pulsation* » (p. 15).

Ce questionnement sur la signification de tout ce qui lui survenait, ce questionnement l'habitera tout au long du récit et sera principalement repris au moment de la clôture. Mais, pour le moment, nous portons attention sur la recherche de la source de la pulsation qui l'intrigue. Dans la conscience intriguée de Tan, c'est un bourdonnement à peine audible, constant, rythmé inexorablement avec des accents et des fléchissements.

Dans son imaginaire en éveil, c'est comme la résonance d'un songe gonflé de réalité. Et Tan parvient à élucider cette perception : « *C'est ma première nuit dans une cage à tigres du bagne de Poulo Condor, et le bruit que j'entends est celui de l'océan pacifique* » (*ibid.*, p. 16). Cet aboutissement est éclairant. L'océan Pacifique est le plus immense, le plus tumultueux et le plus dévastateur des océans. Il peut figurer toute l'ampleur envahissante du traumatisme. Mais, son nom même, Pacifique exprime la sérénité, la stabilité. Il peut donc représenter l'évacuation prémonitoire du trouble traumatique.

Dans cette attribution de sens aux sensations de la narratrice, l'auteur semble mettre en mots symboliquement, dès le début, la finalité du parcours qu'elle gère et qu'elle nous invite à partager. La recherche de sens et la démarche de clarification libératrice et initiatrice d'un nouveau départ sont encore littéralement et littérairement exprimées dans une autre réminiscence clé du roman. Cette remémoration se situe dans la seconde partie « *L'enfance* » à son dernier chapitre « *Veille* ». C'est le quinzième jour de l' Offensive du Têt. Tan est demeurée, enfermée, avec l'imaginaire alimenté par les sens, comme seule fenêtre ouverte sur le monde.

Dehors, les bombardements et la mitraille secouent l'atmosphère. Tan ne dort pas, tout son être est en veille. Elle s'interroge : « *Tant de gens meurent. Ai-je le droit de vivre ?* » (p. 123). Si les bruits de la guerre s'estompent, le gueulement de chiens traverse l'espace. Ses sens d'adolescente palpitent du frémissement inapaisé d'un renouveau émancipateur. Elle se sent habitée par un sentiment d'indignation et en plus elle ressent le froid de la nuit. C'est une nuit de pleine lune. Minh, Oncle Ba, est assis dans le puits de lumière près de la fenêtre qui diffuse une teinte azurée. Sa chevelure est baignée du clair de lune. Avec la placidité d'un bouddha, il écoute le concerto pour violon de Sibelius. Tan s'approche de lui, ils échangent des confidences existentielles. Il est par exemple question de vocation professionnelle, de l'endossement de la responsabilité humaine, de la fonction thérapeutique de la musique.

C'est dans cette ambiance tragique, poétique et métaphysique que Tan, exaltée d'amour, se donne à lui : « *Je ne me sens pas tourmentée. Je veux seulement que pour une fois tout prenne un sens : les secousses de la terre, la tristesse de Sibelius, le rayon de lune, l'homme en fuite, et moi, adolescente de quinze ans. À l'approche de la fenêtre, la lune m'inonde, pleine, d'une luminosité intense. Demain, déjà, elle entamera un autre cycle* » (pp. 128-129).

C'est la fin de l'enfance, la fin de l'innocence, la fin de l'ignorance de son être et de sa potentialité de femme au monde.

L'écrivaine, Anna Moï, a géré et généré avec une retenue poétique la communication et la signification d'une nouvelle phase de vie.

Le thème même du bagne avec tout son cortège d'horreur et de trauma pour la mémoire est l'objet d'une remarquable évocation qui investit les potentialités de l'écriture thérapeutique. La mise en mot de la dernière phrase du roman, autogérée par l'écrivaine à travers la narratrice, témoigne d'une véritable réintégration autobiographique de la mémoire traumatique liée à Poulo Condor, donc d'un souvenir déminé et d'une expérience clarifiée à travers une réminiscence curative qui est partagée avec le lecteur : « *Et pourtant, en dépit de tout cela, je suis déjà nostalgique de cet endroit de sable blanc et de murs noirs, où une partie de mon adolescence a été séquestrée* » (p. 237).

L'énoncé est ouvert par une formulation d'opposition et de concession éloquente, « *Et pourtant, en dépit de tout cela* » (p. 121), Ce qui est exprimé là est un dépassement total de tout le négatif envers et contre tout. Le bagne est caractérisé par le sable blanc et les murs noirs. Il y a donc un dépassement des antagonismes, un réajustement des bons et des mauvais souvenirs dans une unité dynamique d'un être renouvelé.

La remarque s'impose aussi pour la qualification d'endroit où son adolescence a été séquestrée. L'antinomie est digérée ; la séquestration de l'adolescence est devenue un vécu, une expérience douloureuse mais porteuse d'une mélancolie affectueuse. Un sentiment plein ou mieux un parfum mature de pacification vibre au-delà de la dualité.

Pour activer les déminages des zones sensibles de la mémoire et la réintégration du vécu traumatisant, l'auteure présente une narratrice qui exploite les vertus du paradoxe. Elle développe une stratégie de surpassement des oppositions « *Si le noir n'est jamais noir, le blanc ne l'est pas non plus* » (p. 122),

Tan apprend qu'elle sera libérée grâce à un échange contre un pilote américain, c'est-à-dire un de ceux qui larguent lâchement les agents toxiques sur la végétation et la population. C'est l'occasion de mentaliser un dépassement de l'opposition manichéenne Ton-That, Than-Vân (2009, pp. 217-227), entre bons et mauvais et de se purger de la haine et du ressentiment qui bloquent toute libération et reconstruction : « *je ne sais pas de quel crime le pilote américain est l'auteur. Dans une guerre, ne sommes-nous pas tous des criminels ? Ne sommes-nous pas tous innocents ?* » (p. 231). C'est encore l'intellectualisation du paradoxe surpassé qui permet de mettre en texte et de signifier la survivance de la vie par-delà la torture et la mort. Après sa relation amoureuse avec Minh, Tan est devenue enceinte sans le savoir. À la villa Mai-Phuong, avant l'exil à Poulo Condor, son tout jeune corps est torturé, violenté, brisé. La nuit d'après « *du sang ruisselle le long des cuisses* » (p. 39). Elle rattache cela à la torture car elle ignore les menstrues féminines, « *Le sang coule toute la nuit, le lendemain, et deux jours de suite. J'ai eu mes premières règles* » (p. 40). Mais ce sang intrigue le médecin militaire car il est fibreux. On l'analyse et la vérité paraît, « *C'étaient vos premières règles, et… votre première fausse couche* » (p. 205). Ce sang correspond donc à une perte terrible celle de son enfant, perte du fruit de sa première et seule nuit d'amour avec son bien-aimé, Minh désormais défunt. Mais, cet horrible événement est en même temps un signe de victoire et de survie. Malgré toutes les tortures déshumanisantes et destructrices, son corps de femme fonctionne comme le montre la manifestation du cycle hormonal.

À la fin du roman, Tan qui n'a pas fait le deuil de cet enfant, ni celui de Minh, estime que son corps est presque intact même si elle ne sait pas, si elle pourra accepter le contact d'un autre homme ou enfanter à nouveau. Mais, elle est en espérance de renouveau. Son âme s'était dissociée de son corps en parade à la mort de Minh d'abord, puis en sauvegarde contre la torture, elle s'était échappée des griffes de ses bourreaux. Tan est désormais prête à la réintégrer pour un nouveau devenir malgré ses incertitudes : « *Dans l'espace laissé vide, j'ai accumulé de la clarté et des ténèbres. Aujourd'hui, il me reste à récupérer mon âme errante. Si vous la rencontrez, dites-lui que mon corps est intact, presque intact. Quelques plaies suppurent encore, mais j'ai le temps* » (p. 237).

Ce passage final d'espérance est suivi de l'évocation entêtante de la senteur des noix de cajou. De fait, dès l'ouverture, par l'évocation des anacardiers notamment, la narratrice a fait appel à la mémorisation sensorielle comme coquille de subsistance et noyau de régénération. Nous revenons donc au début du roman : « *D'ailleurs, on l'entend, le vent, sur les cimes des noyers de cajou (…) On peut sentir aussi le parfum doucereux des fruits mûrs des anacardiers, prolongés par une noix recourbée en point d'interrogation* » (pp. 13-14).

Ce questionnement suscité par la visualisation de la noix, soutenu par la suave senteur des fruits, va accompagner la recherche de sens et de renaissance jusqu' à la clôture de la narration. Ainsi, un peu plus loin dans la carte postale imaginaire qu'elle envoie à sa mère Tan lui remémore les délicieuses douceurs à base de noix de cajou qu'elle leur préparait.

Cette reviviscence sensorielle réconfortante se situe, en contre balancement, juste après l'entrée en scène des cages à tigres. Au bagne, plus tard, elle prend connaissance des « orages d'acier » que le président Nixon fait déverser sur le nord Vietnam. Elle fait alors connivence tenacement avec « (…) *les éclats rougeoyants des fourmis géantes sur le tronc des noyers de cajou* (…) » (*ibid.*).

Dans l'univers éprouvant de Poulo Condor, l'épreuve de la soif semble plus redoutable que la torture elle-même. La ressource d'eau qui assure le rafraîchissement est localisée symboliquement par les anacardiers : « *Le puits creusé dans l'allée de sable, au bout de la rangée de noyer de cajou, semble infiniment loin* » (p. 160). C'est donc en remontant la rangée des anacardiers qu'on accède finalement à la source de survie. Mieux que cela, elle s'incorpore la puissance de vie que la pluie réveille au sein même du bagne à travers les essences végétales. Elle confie : « *J'en dresse l'inventaire, car je ne veux rien oublier des lieux où les pluies continuent de tomber, les arbres de pousser et les fleurs d'éclore. Je m'applique à reconstituer ces odeurs de fleurs et de fruits, si intimement liées à des instants, des personnes, ou des lieux* » (p. 186). Et, cette fois c'est n'est pas sa mère, mais c'est Minh qu'elle va connecter à cette remémoration émotionnelle et végétale. Ainsi, elle renforce son sens de résurgence en évoquant les effluves moelleuses et piquantes des caramboles mûres perçues après la communion amoureuse avec Minh. C'était à la renaissance de l'aurore, dans le bleuté de la flore du jardin, lorsque Minh lui avait formulé : « *Tu devrais aller dormir, maintenant* » (p. 157). Toutes ces incorporations sensorielles seront de manière apaisée et curative intégrées à la conscience comme Tan en témoigne, dans une tendre mélancolie, à la dernière page avant la sortie du bagne : « *Quand j'aurai quitté cet endroit, je n'oublierai pas le parfum vacillant des fruits mûrs des anacardiers à la limite de la pourriture* » (p. 237). Le point d'interrogation de la noix du début de la narration a trouvé une justification. Tan a tenu, elle s'est adaptée et transformée. Elle a atteint sa maturité. Elle a vacillé et elle est arrivée à la frontière du pourrissement mais elle s'en sort et elle sort bientôt de ce lieu mortifère.

Même si, elle n'a pas fini de s'interroger sur le sens de tout ce qui lui est arrivé car il lui reste beaucoup de « je ne sais pas », il y a cependant devant elle un espace de vie à investir et à ressusciter. Ainsi, avec la clôture du récit, nous aboutissons à un surpassement de l'envahissement traumatique à travers un réajustement émotionnel et mental de la protagoniste et une annonce d'un chemin de renaissance. En résonance avec les stratégies de cette âme de femme vietnamienne, nous pouvons caractériser les tendances prioritaires du parcours de dépassement psychique ou de résilience psychologique dans *Riz Noir* d'Anna Moï.

4.1.4. Appréciation du type dominant de dépassement dans *Riz noir*

À travers un itinéraire de remémoration dans *Riz Noir*, nous avons donc parcouru une narration de confrontations à l'irruption du trauma et de réponses tactiques à l'installation de la mémoire traumatique. Les aspects que nous avons relevés nous invitent à penser que, dans cette œuvre, la démarche résiliente d'écriture littéraire d'Anna Moï développe un dépassement immédiat, conscient et positif de l'agression psycho traumatique. Nous disons "dépassement immédiat" car on a pu constater que face à l'intrusion première ou à la réminiscence postérieure de la menace ou de l'agression, les deux jeunes filles, mais pas seulement elles, ne se laissent pas faire et traitent directement l'impact traumatogène. Nous retenons la qualification de "dépassement conscient" car le traitement mental et la recherche de sens sont clairement mis en mots et exprimés dans le texte.

Le dépassement est positif puisqu'il y a régulièrement le choix conscient d'un enracinement sur du positif en présence des agressions. De fait, nous assistons bien à une résistance à la démesure du trauma et à une transformation intérieure qui nourrit un renouvellement potentiel de l'être malgré tout et même dans le paradoxe.

Le premier titre prévu par Anna Moï, « *Les Filles du Dragon* », traduisait déjà l'idée d'une conscience puissante et pouvant répondre immédiatement à l'adversité en générant positivement une invincibilité au cœur de la fragilité. Ce titre portait ainsi en lui les caractéristiques de ce projet de dépassement à travers les protagonistes et de communication de la force de survie et de renaissance au lecteur.

Le titre retenu, *Riz Noir*, qui semble être un oxymore, apparait encore plus emblématique de notre lecture d'une évacuation immédiate, consciente et positive de la mémoire traumatique dans le roman.

Voici le passage, où il est évoqué : « *Dans le corridor, des bols sont posés par terre. À cause de l'éblouissement, je les crois remplis de riz noir. Mais c'est du riz blanc, recouvert de mouches noires. (…)*

« Ce sont des mouches à merde, constate Tao, bien réveillée maintenant.

- Tu crois qu'on va attraper des maladies ?

- Mange, répond Tao. Tu verras bien. » (…)

« Tu crois qu'on ne mangera que du riz ?

- On mange ce qu'il y a, ce n'est pas le moment de faire la grève de la faim » (p. 23).

On impose à Tan et à Tao, pour toute nourriture, un riz sans sel, maculé de mouches, répugnant, humiliant, menaçant pour la santé, traumatisant. Dans l'immédiat, d'une manière consciente et volontaire, elles font face, s'adaptent et acceptent ce repas qui pourrait bien occasionner leur trépas « *On mange ce qu'il y a* » (*ibid.*). Elles utilisent l'arme de la dérision et de l'ironie « *ce n'est pas le moment de faire la grève de la faim* » (*ibid.*) pour évacuer positivement l'impact traumatique de la situation. En mangeant ce riz, immangeable, elles ne se soumettent pas mais elles se donnent, par-delà la répugnance ou l'effondrement, les forces indispensables pour résister et survivre en attendant de pouvoir revivre. Mais le travail littéraire va plus loin.

La formulation *Riz Noir* n'est pas vraiment un oxymore. Le riz noir existe, c'était la nourriture de grand choix réservée à la cour impériale. Manger le riz noir, est donc psychologiquement valorisant. La situation est inversée et doublement positivée. La vision d'un riz noir, car couvert de mouches à merde, est mentalement et émotionnellement dépassée par cette tactique de résistance psychologique.

Par ailleurs, Anna Moï, ne peut certainement pas ignorer, au moment de l'édition, que le riz noir fait l'objet d'une promotion diététique. Il est reconnu comme doté de puissantes vertus anti-oxydantes, riche en vitamines B, en oligo-éléments. On lui prête même des effets anticancéreux. Ainsi, conformément à la stratégie de renversement développé dans le récit, consommer du riz noir ne permet pas seulement de subsister tant bien que mal.

Puisque c'est du riz noir, même si ce n'est que nominal, par l'assimilation mentale, il renforce la vitalité et la capacité de défense de l'organisme et du psychisme. Alors, malgré une certaine correspondance contextuelle, le *Riz Noir* qu'Anna Moï fait digérer à ses héroïnes ne s'assimile pas au « *lait noir* » du four crématoire, absorbé dans le poème *fugue de la mort* de *Paul Celan* » (1995).

Dans la figure d'écriture *Riz Noir*, l'évacuation est exprimée au cœur de l'évocation traumatique. En conséquence, paradoxalement, Tan et Tao n'ont pas simplement mangé un riz noir à l'équivalent du pain noir de la tribulation mais une nourriture impériale et vivifiante convenant à leur dignité de filles du Dragon. Sans réellement aller au-delà du texte, nous forçons un peu sur l'appréciation de l'image pour mieux signifier les implications de son choix.

Dans le titre *Riz Noir* telle que nous venons de l'explorer se concentre et s'exprime un processus de dépassement immédiat, conscient et positif, une activation de l'aptitude à la résilience. Mais pour l'atteindre, il faut comme le prédisait Van, leur mère, « *aller chercher la différence, aller le plus loin possible* » (p. 52). Cette appréciation du type dominant de dépassement est en résonance avec ce que nous révèle la narratrice à la fin du récit « *Mon âme aussi s'est envolée de mon corps. Elle s'est échappée très vite et très loin, laissant le corps à la portée des supplices. Elle a décollé une première fois de sa carcasse physique, le jour de la mort de Minh. Écartelée comme des ailes d'oiseau blanc, elle a fui une seconde fois en se glissant hors des mains des tortionnaires* » (p. 236). C'est un dédoublement salvateur qui peut s'accorder avec la double appréciation et le double sens qui annule la répugnance du riz noir.

La narratrice réussit à s'échapper à dissocier son âme de son corps pour sauvegarder la possibilité d'une réintégration positive. La conscience ne reste pas prisonnière de l'emprise traumatique de la torture. Elle n'est pas non plus restée prisonnière de l'emprise des mouches à merde sur le riz. Elle n'est pas non plus restée prisonnière de l'emprise de l'entrée effrayante au bagne. Elle s'est immédiatement réfugiée positivement dans les délices de l'enfance et de l'affection maternelle. Elle n'est pas restée prisonnière de l'emprise désintégrant des interrogatoires. Elle a immédiatement inversé les rôles et positivé sa situation de victime. Elle n'est pas restée prisonnière de l'emprise décapante des bains de chaux vive. Elle l'a immédiatement renversée par une contre destination positive. Elle n'est pas restée prisonnière de l'emprise du rêve américain d'une terre désertifiée. Elle a immédiatement visualisé une terre verdoyante, inviolable. Elle n'est pas restée prisonnière de l'emprise du souvenir traumatique du bagne. Elle l'a positivée dans une souvenance mélancolique et affectueuse liée à son adolescence.

Nous identifions cette démarche du dépassement psychique comme littéraire puisqu'il apparaît généré et mémorisé à travers un travail d'invention littéraire qui présente certaines correspondances avec des repères de l'écriture psychothérapeutique. Anna Moï, elle parle de repères immatériels qui trouvent un espace d'expression dans sa création littéraire pour partager l'impulsion relationnelle à la force de résilience avec ses lecteurs : « *Pour mes enfants, je préfère des repères que nul ne peut leur enlever, ni guerre, ni tremblement de terre. Des repères immatériels, comme les histoires, par le sursis qu'elles procurent, jour après jour, pendant mille et une nuits, ou plus. Les histoires qu'on leur raconte, qu'ils se racontent, qu'ils inventent à leur tour. La force, alors, ne viendrait plus de l'impossible éternité, mais de toutes ces petites vies, que l'on peut trouver autour de soi mais aussi parfois très loin* » (pp. 51-52).

4.2. Processus immédiat, spontanée et positif dans « *Ru* »

4.2.1. Préparation au processus de résilience psychologique dans « *Ru* »

Dans plusieurs passages, la narratrice de *Ru* relate comment elle ou d'autres personnages ont été préalablement nourris dans la pensée, les attitudes et les comportements en vue de surmonter la catastrophe potentielle. Dans d'autres extraits, elle montre comment, au cœur des situations menaçantes, elle ou d'autres ont été inspirés, soutenus et mobilisés à la résilience par des rencontres, des circonstances, grâce au facteur relationnel. Ainsi, nous voyons la famille coopérer à la capacité de rebondissement de la narratrice. Par exemple, sa mère lui récitait régulièrement le dicton inscrit sur le tableau de sa huitième année d'école « *La vie est un combat où la tristesse entraîne la défaite* » (Thúy, 2009, *op. cit.*, p. 22).

Autre exemple, alors que tous les rêves étaient possibles, grâce à une situation de prédilection à Saigon, la mère a préparé ses enfants à survivre à la chute éventuelle. Même si les combats étaient encore loin de Saigon, elle a obligé ses enfants, pourtant privilégiés, à s'abaisser comme des serviteurs, brosser le parquet, trier les fèves etc.

Ailleurs, la narratrice explique, qu'au Québec, sa maman semblait la soumettre à des contextes très humiliants comme le fait de l'envoyer acheter du sucre à Granby alors qu'elle en était incapable. Cette évocation lui permet de présenter, avec clarté, l'accompagnement à la résilience : « *J'ai aussi compris plus tard que ma mère avait certainement des rêves pour moi, mais qu'elle m'a surtout donné des outils pour me permettre de recommencer à m'enraciner, à rêver* » (*ibid.*, p. 30).

De la relation avec son père, An Tinh explique qu'elle a appris, à l'image de ce dernier, à déguster l'instant présent comme unique, incomparable, inégalable. Son père aura été pour elle comme un maître en processus de résilience. Tout jeune, il s'était initié à survivre en dehors de ses parents, à laisser les endroits et à se détacher du passé.

Plusieurs personnages évoqués dans notre présentation du roman au chapitre 3, seront des soutiens relationnels à la relance du développement d'An Tinh dans le contexte traumatique de l'exil.

L'envie d'écrire et d'exprimer le dépassement a émergé, chez la narratrice, au Québec, de la rencontre avec Monsieur Minh. Celui-ci a été sauvé de l'anéantissement des camps de rééducation par l'écriture : « *Sans l'écriture, il n'aurait pas entendu aujourd'hui la neige fondre, les feuilles pousser et les nuages se promener* » (p. 95).

Nous avons là comme un germe inspirateur de la mise en mots de *Ru*. Les parrains, les fées et les anges canadiens également signalés dans notre présentation de l'œuvre, participent aux premières loges à la poursuite du dépassement par la résilience.

Leur contribution confirme que la valeur du support social ramène au sujet traumatisé la confiance dans les autres, dans ses possibilités personnelles et dans des références fiables pour s'ajuster aux impacts désastreux de la vie.

En effet, An Tinh se remémore en arrivant au Canada qu'elle n'avait plus de repère, ni d'outils pour être capable de même imaginer un avenir ni non plus pour exister dans l'actualité immédiate. Mais, elle a été revigorée et réajustée par la relation d'aide des habitants de Granby : « *une armée d'anges qui avaient été parachutés sur la ville pour nous donner un traitement de choc* » (p. 32). L'influence déterminante du relationnel dans la construction de la faculté intérieure et personnelle de résilience fait encore l'objet d'une reviviscence dans un fragment introduit par le connecteur d'opposition et de concession « malgré ».

Le protagoniste est un jeune professeur d'anglais, missionné par sa mère, toujours aussi insubmersible. L'ambition d'un devenir est communiquée, par une classe d'anglais, en pleine période de camp de réfugié en Malaisie, avec les journées suffocantes et les nuits détrempées, malgré le chant stressant des mouches, la proximité des vers et des excréments de deux milles réfugiés. Par le moyen d'une anaphore, « *sans son visage, nous n'aurions pas pu…* », elle explique comment il parvenait à dégager le ciel pour leur permettre d'apercevoir une perspective nouvelle.

Sans, donc, cet enthousiasme paradoxal et communicatif, elle et sa fratrie élargie n'auraient pas trouvé la soif « *de tendre la main pour rattraper nos rêves* » (p. 27). C'est cette même image qui clôture le roman pour confirmer la puissance décisive de la relation dans l'impulsion et l'accomplissement de la résilience face au trauma : « *Et aussi, où une main tendue n'est plus un geste, mais un moment d'amour, prolongé jusqu'au sommeil, jusqu'au réveil, jusqu'au quotidien* » (p. 143).

Ainsi, l'écriture de Kim Thúy révèle une résonance avec les démarches des intervenants dans la psychothérapie du traumatisme : « *La main tendue à la souffrance est celle qui redonne l'espérance et construit le possible du lien, véritable et indispensable moteur de la résilience des individus* » (*ibid).* Cette main tendue de la relation nous conduit à la mobilisation des ressources modelées en vue d'une réponse directe et transitoire à l'agression désorganisatrice du traumatisme.

4.2.2. Exposition et endurance à la menace traumatique dans *Ru*

Nous pensons avoir repéré une mise en mot de la construction de la capacité de résistance psychique à l'adversité dans l'écriture de *Ru*. Elle s'est édifiée dans la dynamique de l'interaction entre les personnages et leur environnement. Nous pouvons maintenant rechercher l'activation de cette aptitude et de ses ressources dans la reviviscence d'événements à risque traumatique. Nous nous intéressons aux réponses d'urgence, aux tactiques premières de défense face aux charges émotionnelles désorganisatrices liées aux agressions subies ou à leurs souvenirs.

Marie Anaut (2002 ; 2005) rappelle les réactions de première phase qui répondent transitoirement au trauma et mènent à la résilience. En nous référant à elle, nous pouvons identifier par rapprochement certaines des formes de résistance directe exprimées dans *Ru* : **humour, sublimation, déni ou retrait, ancrage affectif, projection ou dédoublement, omnipotence, croyance…** Nous examinons donc quelques évocations de situations menaçantes et les mécanismes d'atténuation formulés littérairement.

Dans le boat people, il faut supporter l'impact anéantissant de la terreur : *« … encerclé d'un seul et uniforme horizon bleu, la peur s'est transformée en un monstre à cent visages,…Nous étions figés dans la peur, par la peur. Nous ne fermions plus les yeux quand le pipi du petit, à la tête galeuse, nous arrosait. Nous ne nous pincions plus le nez devant le vomi de nos voisins…* » (Thúy, 2009, *op. cit.,* p.15). D'abord, cette peur nouvelle évacue la peur précédente, « *celle des communistes* » (*ibid.,* p.15) qui a motivé la fuite nocturne en bateau. Nous avons un affect contraire plus fort qui neutralise un autre affect. Face au danger mortel de cette nouvelle peur, la narratrice a recours à **l'ancrage affectif**. Elle utilise le « *nous* » inclusif et communautaire à la place du « je » individuel tel un refuge **affectif**, rassurant. Ensuite, elle exprime le **retrait**, le **déni** préservateur : il n'y a plus de soucis d'être contaminé par la gale du petit ou d'être incommodé par le vomi des voisins.

Toujours dans le boat people, il faut surmonter l'effroi supplémentaire du récit de la fillette qui a glissé sur le rebord et qui a été avalée par l'Océan. Dans le saisissement, la seule ampoule de la cale est transfigurée en étoile polaire et l'huile à moteur qui imprègne les biscottes est transmutée en beurre. Cette **sublimation** est couronnée par le balancement de la berceuse modulée par une voisine qui apporte un assoupissement consolateur.

Dans le camp de réfugiés en Malaisie, l'insupportable, l'irrespirable prend le visage du « … *bain géant rempli à ras bord d'excréments sous le soleil brûlant…* » (p. 36) qui constitue l'espace des toilettes. L'audition et la mémorisation du chant des mouches servent de moyen d'évasion, de retrait dans les cabines branlantes. L'**humour** vient en renfort avec la perte d'une babouche qui a glissé dans la bouillasse immonde : « *Elle y flottait comme un bateau à la dérive* » (*ibid.*). Un peu plus loin, l'**humour** est à nouveau mobilisé face à l'invasion irrésistible des vers répugnants : « *À chacune des grandes pluies, ils sortaient de la fosse septique par centaines de milliers, comme s'ils avaient été appelés par un messie* » (p. 36). Cette **dérision** est confortée par un nouveau recours au **déni,** au **retrait**. Les vers pullulent tant et ils sont si invulnérables que la famille trop fragile déclare transitoirement « forfait » sans même faire opposition : « *Alors, nous les laissions étendre leur territoire jusqu'à la fin de la pluie, moment où ils devenaient à leurs tours vulnérables* » (*ibid.*).

Avec retenue et poésie, la narratrice convoque aussi la **croyance** comme voie de résistance à la désintégration. L'exemple le plus frappant semble être le souvenir de monsieur An, prisonnier des camps de rééducation communiste. Au moment où on allait l'exécuter d'une balle de pistolet sur la tempe à bout portant, il a eu un réflexe ultime de résistance. Il a relevé la tête pour contempler l'azur et implorer les cieux. Il en a été illuminé et préservé quand tant d'autres n'ont pas réchappé. La **croyance** et la **sublimation** l'avait sauvé de l'anéantissement. La ressource de la **croyance** même provisoire est encore plus explicite dans l'épisode de la destruction d'un boat people par les vagues tout de suite après le débarquement : « *Nous étions plus deux* *cents à regarder ce spectacle en silence, les yeux embués par la pluie et la stupeur…je suis certaine que ce spectacle nous a tous rendus croyants pendant un court moment* » (p. 105).

En matière de croyance comme ressort salvateur, il est difficile d'omettre la **croyance** dans les contes, les fées et les anges qui interviennent plus d'une fois. Nous pouvons retenir la **croyance** intime de la narratrice dans Johanne. Son amie de classe au Québec, sa bonne fée qui lui offre gratuitement protection en dépit de tout. Cette **croyance** et cette **projection** s'enracinent dans un **ancrage affectif** profond et salutaire pour la toute jeune réfugiée face aux agressions diverses.

Cet **ancrage affectif** est sublimé et **dédoublé** dans la relation à Marie-France qui la libère du stress de la transplantation et de la réinsertion. La poésie, le bercement, le chant annihilent directement le stress : « *(…), parce que j'étais bercée par un nuage de fraîcheur, de légèreté, de doux parfum. Je n'avais rien compris des mots, seulement la mélodie de sa voix, mais c'était suffisant. Amplement* » (p. 19).

Alors, nous pouvons saisir que **l'ancrage affectif** et la **sublimation** seront des recours immédiats de résistance à l'effondrement psychique quand An Tinh affrontera la nouvelle irrévocable de l'autisme chez son fils cadet, Henri. Il n'y a pas de **déni** de la maladie mais une nidification sublime dans le bercement de l'amour maternel. Pas de cri, pas de pleur, pas de question, pas de réflexion, pas d'illusion mais une effusion maternelle, gratuite et continue tel un *ru*, un ruisseau intarissable : « *Il ne saura pas que, grâce à lui, chaque étincelle de joie est devenue une bénédiction et que je ne cesserai jamais de livrer combat contre l'autisme, même si d'avance je le sais invincible* » (p. 17). Elle neutralise la conscience de son impuissance par la toute-puissance d'une préférence intérieure.

La mobilisation anti-traumatique de l'**omnipotence** intrapsychique face au sentiment d'impuissance est encore mise en mots dans une réminiscence révoltante mais contredite. Lors d'un retour à Saigon, la narratrice adulte se rend dans un restaurant. Elle surprend par une ouverture sur un espace privé le supplice dégradant de six jeunes frêles professionnelles vietnamiennes alignées entièrement nues et maquillées sous les miroitements lumineux.

Six individus fortunés, de concert, avec un élastique, leur projettent des billets de cent dollars en boule sur la peau. Chaussées d'escarpins, elles doivent se baisser pour récupérer ses billets épars sur le sol. D'une part, à l'aide d'une **projection**, la narratrice réhabilite ses jeunes sacrifiées, aux corps parfaits « *elles portaient à leur tour le poids invisible de l'histoire du Vietnam, à l'instar des femmes au dos arqué* » (*ibid.*).

D'autre part, si elle confesse son impuissance devant l'insupportable humiliation et qu'elle se retire, elle confère une toute puissance préservatrice et justificatrice à ces six malheureuses jeunes filles : « *J'ai quitté ce restaurant avec en tête la résonance du silence stoïque des filles qui y restaient, qui avaient la force de défier la décadence, qui dépouillaient l'argent de son pouvoir, qui devenaient intouchables, invincibles* » (p. 129). Nous terminons l'étude de la résistance première à la déstructuration psychique sur une note moins dépravée mais touchant toujours la projection, le dédoublement, l'omnipotence et aussi l'ancrage affectif, l'humour, la croyance et la sublimation.

La narratrice est née faible, fragile, timide, effacée. Sa voix est à peine audible, elle est émotive et elle pleure facilement et souvent. Elle est l'objet de moqueries des autres et de réprimandes de sa mère. Elle se projette, se protège et se dédouble dans sa cousine, Sao Mai avec un ancrage affectif : « même âge, même école, même banc, comme des jumelles, toujours ensemble ». Mais Sao Mai est vive, confiante, audacieuse, endurante, valorisée et adulée par son père, autonome, étincelante, sublime, quasiment omnipotente.

An Thi se présente comme une ombre, elle-même et ombre de Sao Mai qui est un enfant roi, la princesse de son père : « *Ma cousine terrassait ceux qui copiaient mes réponses. Elle foudroyait ceux qui se moquaient de mes larmes. Elle me protégeait parce que j'étais son ombre* »

(p. 60). An Tinh utilise l'**humour** et l'autodérision pour absorber les revers émotionnels et les maltraitances liés à cette **projection**.

En effet, après les cours de tennis au Cercle sportif très chic de Saigon, les serviteurs l'ignoraient et présentaient une boisson désaltérante seulement à Sao Mai. Elle surmonte : « *[…], il n'existait que deux catégories de gens bien distinctes : l'élite et les serviteurs, […] Moi, je ne faisais partie d'aucune d'elles. J'étais seulement l'ombre de Sao Mai* » (p. 61).

Ainsi, là aussi, à travers l'humour, l'écriture de Kim Thúy trouve une correspondance avec des démarches psychothérapeutiques : « *Face aux traumatismes, l'humour apparaît comme un substrat sur lequel peut se bâtir le processus de résilience* » Coutanceau (2010).

Après les réactions d'urgence, ce processus de résilience va vraiment se déployer avec la démarche de clarification, de recherche de sens et d'intégration biographique qui se confirme aussi dans *Ru* et où l'humour, entre autres, pourrait encore jouer à un autre niveau de maturité.

4.2.3. Clarification, réintégration et renouvellement de l'être dans *Ru*

Ru est publié en 2009 et est relaté par une narratrice adulte. Il recouvre aussi bien les dix années d'enfance au Vietnam que les trente années qui ont suivi l'exil. C'est une œuvre de souvenirs de témoignage mais aussi de recul de relecture, de réinterprétation dans un projet d'écriture. Kim Thúy donne sens à l'aventure traumatique en vue de son dépassement. Elle investit dans son intention et dans son invention littéraire des potentialités d'écriture psychothérapeutiques. Elle met en texte un cheminement de résilience et ses vecteurs de réalisation.

Après les relevés des mécanismes du « survivre », nous pouvons découvrir dans sa narration l'élaboration des stratégies du « revivre », de la réémergence, de la renaissance. Nous retenons la fragmentation en apparence désordonnée, la poétisation adoucissante, la représentation sensorielle, le surpassement des oppositions, l'humour protecteur et distanciateur, la bienveillance, le réajustement des pensées. Ils permettent par la réviviscence de conférer un sens positif aux événements, aux personnages, aux lieux, aux paroles et aux temps dans une dynamique de réintégration et de renouveau.

Les expériences traumatiques fragmentent et désorganisent le psychisme, la conscience. Kim Thúy élabore une démarche de dépassement inversé pour prendre le trauma à son propre piège. Elle fragmente le texte dans une déstructuration apparente à travers de très courts chapitres, connectés par la fantaisie désordonnée d'une mémoire qui mène en réalité un jeu de réintégration psychologique. Les mots, un nom, une date, une péripétie, un lieu, une odeur, une couleur, une émotion… bercent un réseau de courants interconnectés qui permettent de descendre ou remonter de manière agréable et curative le cours du ru, le cours de la mémoire. Par exemple, les termes suivants servent de liaisons entre les premiers chapitres : « mère », « prolongement », « peur », « endormir », « prison », « dénudée », « présent »… mais se rattachent à des périodes chronologiquement dispersées. Tout cet écoulement textuel s'oriente finalement vers l'horizon infini de l'Océan et du ciel jusqu'à l '« *indicible beauté du renouveau* » ((Thúy, 2009, *op. cit.,* p. 142).

L'analogie et l'opposition entre désordre de la mémoire blessée et désordre textuel soigné fournissent un support de dépassement du traumatique et de renouvellement. De fait, le surpassement narratif des oppositions semble une des options de résilience du texte. Les contraires sont à la fois différenciés, associés et dépréciés tous deux pour être mieux distanciés dans une élévation qui permet aussi un ré-enracinement dynamique.

Cette élaboration est appliquée par exemple à « *la fête du Têt et l'Offensive du Têt* », « *la guerre et la paix* », « *le paradis et l'enfer* », « *le bleu du ciel et le bleu de la mer* » … Nous présentons deux vérifications dans le récit. Offensive et fête du Têt ; pour la différenciation, association, dépréciation : « … *longues chaînes de pétards…explosaient en polyphonie avec le son des mitraillettes…les débris des pétards…coloraient le sol de rouge comme des pétales de cerisier, ou comme le sang des deux millions de soldats… d'un Vietnam déchiré en deux…cieux ornés de feux d'artifice, décorés de guirlandes lumineuses, traversés de roquettes et de fusées* » (*ibid.,* p. 11).

Pour la distanciation et le ré-enracinement : « *Ma naissance a eu pour mission de remplacer les vies perdues* » (*ibid.*). Pour la guerre et la paix, différenciation, association, dépréciation : « *Petite, je croyais que la guerre et la paix étaient deux antonymes. […] je crois que la guerre et la paix sont en fait des amies et qu'elles se moquent de nous* » (*ibid.*).

Pour la distanciation et le ré-enracinement : « *Il ne faut donc peut-être pas se fier à l'apparence de l'une ou de l'autre pour choisir la direction de notre regard* » (*ibid.*). Ces deux exemples témoignent aussi d'un travail de réajustement de la pensée, de clarification et d'attribution de sens à l'expérience qui permettent un nouveau développement vital. L'opposition de temps entre « *je croyais que la guerre…* » imparfait et « *je crois que la guerre…* » présent, puis l'emploi du connecteur de conséquence « *il ne faut donc peut-être pas…* » Soulignent bien le processus psychique d'élucidation dans la résilience. Nous en avons plusieurs illustrations dans la narration. An Tinh se remémore, « *Durant mes premiers mois au Vietnam, j'étais très flattée …* » (p. 129) on l'a croyait escorte girl de son patron blanc, donc, elle était toujours séduisante, juvénile et taille mannequin. C'était un mécanisme de défense primaire, non élaboré.

Mais, après le spectacle des jeunes professionnelles dans le restaurant, elle va rajuster sa conscience par considération et estime pour toutes les femmes jeunes ou non, arquées ou non, qui portent le fardeau historique du Vietnam sur leurs épaules. Ainsi, par un travail de liaison et de maturation, elle intègre ce vécu déstabilisant et se reconstruit différemment, supérieurement au niveau moral.

De même, la narratrice s'est longtemps interrogée sur le fait que son père avait envisagé des capsules de cyanure pour toute la famille en cas d'interception par les communistes ou des pirates. Elle voulait savoir pourquoi il n'avait pas prévu de les laisser choisir et d'avoir peut-être une chance de survie. Mais elle a eu la révélation du cas de monsieur Vinh. Il a lancé séparément ses cinq enfants, le garçonnet de douze ans et la fillette de cinq ans compris, sur cinq boat people différents dans l'espoir de préserver peut-être un ou deux.

En tant que mère, elle a aussi dû faire face chez son fils cadet, à la découverte de l'autisme qu'il fallait assumer. Alors, elle a abandonné net ses interrogations quant à l'attitude de son père. Elle a réaligné sa pensée en choisissant d'endosser envers et contre-tout sa responsabilité existentielle comme son père, comme monsieur Vinh. Nous pourrions dire que l'auteure a mis en texte un saut psychique, un saut psychothérapeutique.

Cette lecture de saut psychique peut nous orienter sur le choix narratif de la bienveillance comme condition du dépassement et de la renaissance. Et l'altruisme est bien notifié dans le répertoire des réponses considérées comme mature pour une intégration du vécu traumatique dans la vision de George Vaillant (2000). Un axe de manifestation de la bienveillance parcourt le récit et se manifeste chez différents personnages. Cet aspect est remarquable dans la re-visitation des relations de la famille avec les jeunes inspecteurs communistes. Ces derniers ont occupé arbitrairement le domicile et ils ont pris possession de tous les biens. Ils les ont rendus étrangers et prisonniers dans leur propre maison. Mais la narratrice les met en scène sans haine, avec compréhension et même compassion.

À la faveur de la disparition, pour eux incompréhensible, d'un poisson laissé dans une cuvette de WC, il y a même une forme de rapprochement : « *Après cet incident, nous ne savions plus s'ils étaient des ennemis ou des victimes, si nous les aimions ou les détestions, si nous les craignions ou en avions pitié* » (Thúy, 2009, *op. cit.,* p. 41). Même difficile, la bienveillance se reflète à l'égard des GI américains à qui son bel-oncle six vendait des blocs de glace qu'ils mettaient sous leurs lits.

Elle avance de manière glaciale mais compatissante qu' « *ils avaient besoin d'être froids pour quitter les femmes qui portaient leurs enfants sans ne plus jamais leur revenir…* » (*ibid.,* p. 89). En effet, ils avaient transpiré d'effroi, des semaines durant dans la forêt et étaient en nécessité de réconfort et d'humanité. Ils payaient des corps féminins à l'heure et aussi le murmure de « faux mots d'amour » pour compenser la hantise des hurlements des camarades estropiés dans la jungle vietnamienne. Il y a aussi la relecture de formidable bienveillance des fées, des anges et des parrains du Québec qui ont fécondé chez les réfugiés les potentialités de résurgence. Nous les avons évoqués. Même à l'égard des réticents de la « *nation québécoise* » (*ibid.*) qui les relègue dans une classification à l'écart, son altruisme se manifeste : « *Alors, qui aimer ? Personne ou chacun ? J'ai choisi de les aimer tous, sans appartenir à aucun* » (p. 87). Une telle positivité d'esprit et une telle sociabilité sont co-relative à une évolution résiliente et un déminage des zones douloureuses de la mémoire.

Chez Kim Thúy, la création littéraire comme lieu de mise en mots des souffrances, des monstruosités vécues ne dévient pas un espace de ressentiment et d'amertume mais de reconstruction. Cette évacuation de la douleur et cette reconstruction de l'identité peuvent être quasiment visualisées par une mise en images des émotions, des sensations et des sentiments, des lieux, des actions.

Le lecteur participe à une véritable représentation sensorielle (yeux, oreilles, nez, langue, peau, cœur) qui livre de manière palpable, supportable et touchante, les réminiscences même les plus pénibles. On pourrait les évoquer dans la peur sur le bateau, l'enfer du camp de réfugiés, les expériences de camp de rééducation, les enfants de GI. Nous nous contenterons de quelques indications de cette écriture sensorielle dans une tranche de son enfance à Saigon. La narratrice illustre là comment les horreurs de la guerre sont dépassées dans les évocations scolaires « *grandioses et colorées* » (p. 100) des succès patriotiques du camp communiste.

Les représentations sont unicolores comme pour ne pas omettre la phase obscure du réel mais les teintes sont rendues par la médiation des mots. Elle enchaîne en contraste via la même médiation colorée pour évacuer sensoriellement les sombres souvenirs de la mise au pas du sud : « *Nous devions tous porter des pantalons noirs et des chemisiers de couleur foncée…Autrement, les soldats en uniforme vert kaki nous emmenaient au poste pour une session …de rééducation… Ils arrêtaient aussi les filles qui se mettaient du crayon et de l'ombre à paupières bleue. Ils croyaient qu'elles avaient les yeux au beurre noir, qu'elles étaient des victimes de la violence capitaliste. C'est peut-être pour cette raison qu'ils ont enlevé le bleu ciel du premier drapeau communiste vietnamien* » (*ibid*). Les représentations sont simples, précises, sobres mais percutantes, ce qui est vécu et dépassé est visualisé et ressenti. En contrepoint du rouge du drapeau communiste agresseur, une symbolisation sensorielle significative dans la perspective d'expression du dépassement mérite d'être relevée. L'incipit est un défilement d'images où domine le rouge du Nouvel An qui malgré la guerre et le sang demeure culturellement symbole de longévité, puissance de délivrance et force de renouveau pour les Vietnamiens. Cette teinte intense se retrouve à la clôture du roman dans la fleur de pivoine traditionnelle du Vietnam, pays d'origine et dans la feuille d'érable qui est représentative du Canada, pays d'accueil et de renaissance. Cette tonalité écarlate est associée à « un rêve », à un « parfum », à « un épanouissement », à « une grâce », à « une berceuse » ! C'est à notre sens une invitation à comprendre que cette symbolique résiliente traverse tout le récit comme un ruisseau conducteur et même directeur qui irrigue son parcours de ses ondes poétiques.

La résonance poétique des représentations mémorielles se propage d'elle-même à l'esprit du lecteur. Nous l'avons rencontré dès le début de cet examen du dépassement psychologique dans l'écriture de *Ru* et cela nous donne l'impression de parcourir un drame merveilleux. Certains indices ne sont pas innocents, ils touchent à l'imaginaire si cher aux poètes : le titre poétique ru « écoulement et berceuse », la récurrence du vocable bercer avec ses variantes dans les textes, les références aux fées et aux anges, la stratégie de progression et d'évacuation basée sur la reprise, la répétition, le retour de mots, de sonorités, d'images, de tonalités, de figures de styles.

Dans l'épisode angoissant sur le boat people, l'anaphore sur le mot « peur » accorde d'insister avec modulation sur l'ampleur grandissante de ce sentiment. La reprise accentuée du thème cadence son dépassement par d'autres motifs plus terrifiants encore de frayeur monstrueuse aux « cent visages ». Le retour du même terme permet aussi la transition d'un chapitre à l'autre et, en amenant à un autre thème, annonce paradoxalement l'avancée d'un enfer paralysant vers un tournant paradisiaque.

En parlant de paradoxe, il y a par exemple, tout au long de la narration, un jeu poétique d'association, d'opposition, d'écho à partir des marqueurs temporels, spatiaux et logiques, pour rythmer et sonoriser les démarches de clarification et d'évacuation du trauma : pendant/aujourd'hui, il y a trente ans/trente ans plus tard, jusqu'à/un jour, à Hanoi/ à Saigon, à Saigon/à Montréal, en Malaisie/ à Granby, au Vietnam/ au Canada, sur le bateau/ dans l'avion, durant/mais, en ces temps-là/ à la même époque, avant/après, quand/c'est pourquoi, malgré/cependant, à travers les années/ tout récemment, contrairement/grâce à,… Dans un langage poétique, la gestion narrative de ces connecteurs aide à fixer une localisation, une temporalité et un sens aux blessures de la mémoire.

Dans cette restructuration, elles peuvent être déchargées, réorientées et réintégrées dans une vision de transformation positive de son vécu, de son ressenti et de ses perspectives. Les effets de créativité et de sublimation de la mise en mots poétique tiennent une place conséquente dans ce processus. Cela permet, par exemple, de faire jouer des assonances plaisantes dans l'expression des paradoxes évacuateurs de situations controversées : « *Grâce à l'exil mes enfants n'ont jamais été des prolongements de moi, de mon histoire* » (p. 13), « *Grâce à ce poisson nous avons pu établir une communication* » (p. 41), « C'est grâce aux GI que mon bel-oncle Six a pu acheter son passage… » , « *C'est grâce à ce cadeau que j'ai appris qu'il existait des métiers autres que la médecine, qu'il m'était permis de rêver mon propre rêve* » (*ibid.*).

Grâce à l'écriture poétique qui le purifie et le magnifie, le travail de mise en sens libératoire rétablit les connexions avec le monde réconfortant et plaisant du jeu et de l'enfance. Cette connexion peut être également générée au moyen de l'humour que nous avons déjà présenté comme une médiation du processus de résilience.

Dans *Ru*, on peut observer comment l'humour protège la narratrice, le lecteur et l'auteure, gestionnaire du texte et comment il facilite le partage des situations blessantes en vue de leur dépassement. L'humour qui a été d'un premier secours pour réussir à survivre demeure un recours ultérieur pour réussir à « revivre ».

Les déhanchements opulents, rassurants et hypnotisants, de Marie-France, sa première enseignante, sont présentés avec humour et tendresse. Elle est comparée à une mère cane qui se dandine devant ses petits et les incite à l'imiter. La reconstruction est articulée sur cette image amusante : Elle « … *nous a accompagnés, les sept plus jeunes Vietnamiens du groupe, pour traverser le pont qui nous emmenait vers notre présent. Elle veillait sur notre transplantation avec la délicatesse d'une mère envers son nouveau-né prématuré…* » (*ibid.*) Le bercement généreux de ses rondeurs est humoristiquement l'impulsion de la renaissance chez la narratrice : « *…elle m'a donné mon premier désir d'immigrante, celui de pouvoir faire bouger le gras des fesses, comme elle. Aucun Vietnamien de notre groupe ne possédait cette opulence…* » (p. 19).

Vers la fin du roman, An Tinh s'amuse du destin de son bracelet d'enfant insignifiant, en acrylique rose, où ses parents avaient dissimulé leurs diamants comme étui de survivance. Il a été préservé jusqu'au Québec mais là, il a été dérobé par des voleurs qui se sont intéressés à leur logement pourtant miséreux. Cet ornement dérisoire a été sans doute abandonné dans une décharge avec son contenu ignoré. Elle imagine, moqueuse, que des millénaires plus tard un archéologue découvre ces pierres précieuses restées en position circulaire. Il leur donnerait éventuellement le sens d'un culte rituel, d'une offre propitiatoire : « *Absolument plus personne ne connaîtra la vraie histoire de ce bracelet rose une fois que l'acrylique se sera décomposé en poussière, une fois que les années se seront accumulées en milliers, en centaines de strates, car après seulement trente ans je ne nous reconnais déjà plus que par fragments, par cicatrices, par lueurs.* » (p. 141).

Ainsi, ce trait d'humour permet de signifier l'évolution, la transformation, la transmutation positive qui s'est opérée en trente ans. Mais c'est encore l'humour qui va permettre d'intégrer avec maturité et d'accepter sans amertume les points faibles de cette renaissance qui a rendu réel le rêve américain. À Hanoi, la narratrice visite avec ses patrons blancs « *un restaurant-école pour enfants défavorisés* » (p. 86) avec « *talons hauts, jupe droite, porte-documents* » (*ibid*). Elle rayonne de son rêve américain. Mais confortée par son origine vietnamienne et son désir de solidarité, elle communique en vietnamien avec un jeune serveur. Ce dernier n'y communie pas et lui déclare avec candeur qu'elle était « trop grosse pour être une Vietnamienne. ». Comme elle ne pèse que quarante-cinq kilos, cela prête à rire. Cependant, postérieurement, dans une démarche intérieure de clarification, elle réalise que le jeune serveur ne visait pas son poids mais « *ce rêve américain a donné de l'assurance à ma voix, de la détermination à mes gestes, de la précision à mes désirs, de la vitesse à ma démarche et de la force à mon regard. Ce rêve américain m'a fait croire que je pouvais tout avoir…* » (*ibid.*).

Par cette reviviscence, mise en mots et par cette élucidation psychologique, sa mémoire est déchargée et sa conscience réorientée et rééquilibrée. Avec cet effet de miroir révélateur, An Tinh, la narratrice à la première personne, intègre les apports de l'expérience et elle partage tout cela, positivement, avec elle-même et avec le lecteur, grâce à la gestion littéraire autonome de l'écrivaine autobiographique, Kim Thúy : « *Mais ce jeune serveur m'a rappelé que je ne pouvais tout avoir, que je n'avais plus le droit de me proclamer vietnamienne parce que j'avais perdu leur fragilité, leur incertitude, leurs peurs. Et il avait raison de me reprendre* » (p. 86).

À ce stade de notre travail, nous avons un aboutissement sur l'évocation et l'évacuation de l'expérience traumatique à travers *Ru*. Nous pensons avoir examiné des stratégies narratives qui résonnent avec des démarches psychothérapeutiques dans l'écriture de Kim Thúy. Il nous faut maintenant essayer de caractériser les dominantes de ce parcours de dépassement psychique qui correspond à une dynamique de résilience psychologique.

4.2.4. Appréciation du type dominant de dépassement dans *Ru*

Quand nous parcourons les évocations d'expériences à risque traumatique dans *Ru*, nous avons l'impression que malgré leur intensité, l'agression psycho traumatique, et la mémoire traumatique ne s'enracinent pas de manière envahissante dans la conscience ou même l'inconscient de la narratrice et de la plupart des personnages. C'est comme si nous nous trouvons le plus souvent devant l'une des deux présentations suivantes. Soit la narratrice ne garde pas de l'événement un souvenir traumatique car elle y répond spontanément dans l'immédiat de manière résiliente. Soit elle évacue de manière positive des souvenirs traumatisants dans l'immédiateté d'une réminiscence curative et d'une clarification signifiante.

Nous pouvons vérifier cela dans une expérience que nous n'avons pas encore relevée. Nous allons donc relire Kim Thúy et réécouter An Tinh dans une évocation significative de l'épreuve du boat people et du camp de réfugiés en Malaisie : *« Durant nos premières nuits de réfugiés en Malaisie, nous dormions directement sur la terre rouge, sans plancher. La Croix-Rouge avait construit des camps de réfugiés dans les pays voisins du Vietnam pour accueillir les boat people, ceux qui avaient survécu au voyage en mer. Les autres, qui avaient coulé pendant la traversée, n'avaient pas de nom. Ils sont morts anonymes. Nous avons fait partie de ceux qui ont eu la chance de se laisser choir sur la terre ferme. Alors, nous nous sentions bénis d'être parmi les deux mille réfugiés de ce camp qui n'en devait accueillir que deux cents* » (p. 24).

À l'inverse de ce qu'on pourrait attendre dans un tel contexte, cette évocation est positive, pas de plainte, pas d'amertume, pas d'accusation, pas de désespoir.

Au contraire, ils se sentent bénis d'être là vivant au-delà de tout le tragique de la situation. Ce sentiment est immédiat au vécu et découle spontanément de la manière de recevoir l'expérience. Le message n'est pas différent pour l'expression d'un souvenir premièrement perturbant. An Tinh confesse directement l'impact angoissant de la première rencontre avec l'étrangeté du pays d'accueil : « *Quand j'ai vu les premiers bancs de neige à travers le hublot de l'avion à l'aéroport de Mirabel, je me suis aussi sentie dénudée, sinon nue* » (*ibid.*). Pourtant, cette source de choc et d'impuissance laisse s'écouler d'emblée un flux de ressourcement : « *Après avoir vécu un long séjour dans des lieux sans lumière, un paysage aussi blanc, aussi virginal ne pouvait que nous éblouir, nous aveugler, nous enivrer* » (*ibid.*). Cette première découverte traumatisante des neiges du Canada, derrière le hublot de l'avion, est aussi une vision immédiate et positive de pureté, de virginité, d'innocence et donc d'enfance, de renaissance possible. C'est aussi cela qui grise l'esprit et transporte le cœur.

C'est mise en sens se valide dans la suite du texte : « *J'étais étourdie autant par tous ces sons étrangers qui nous accueillaient que par la taille de la sculpture de glace qui veillait sur une table couverte de canapés, de hors-d'œuvre, de bouchées, les uns plus colorés que les autres. Je ne reconnaissais aucun de ces plats, pourtant je savais que c'était un lieu de délices, un pays de rêve* » (p. 18). Le connecteur opposition « pourtant » introduit spontanément une saveur positive de rêve et d'espérance au cœur même du désarroi alors même que la narratrice semble n'avoir plus de repère. Le fragment qui suit, présentera, avec l'accompagnatrice, mère cane, Marie-France, la reconnexion à cette espérance. Nous retenons donc la stratégie d'un dépassement immédiat, spontané et positif de la mémoire traumatique dans le roman *Ru*. À cet égard, nous voulons retenir ce titre *Ru* comme une expression synthétique et symbolique qui illustre cette démarche générale de dépassement immédiat, spontané et positif. Le vocable ru, nous l'avons déjà dit, est un mot poétique qui signifie petit ruisseau, écoulement en français et berceuse ou bercer en vietnamien.

De fait, il exprime poétiquement, en même temps, une double tonalité sémantique de manière spontanée et immédiate. D'une part, c'est le tragique ruissèlement de sang, de larmes, de violence, donc le trauma. D'autre part c'est l'agréable bercement de consolation, d'apaisement et de délivrance, donc le dépassement positif. Mieux encore, il y a, dans ce seul vocable, un effet double de miroir inversé révélateur du sens profond : Le sens « berceuse » peut faire allusion aux oscillations du boat people, donc au traumatisme de l'exil dans des conditions effroyables. Le sens « écoulement » peut aussi exprimer l'évacuation de la mémoire traumatique, donc le dépassement positif.

Ainsi, à travers le jeu de balancement et de confluence de sa double signification, « ruisseau » et « berceau », le titre *Ru* peut signifier, instantanément, le dépassement immédiat, spontané et positif du souvenir traumatique de la guerre, de l'exil et de la réinstallation.

Cette manière de systématiser le parcours de résilience psychologique dans le roman peut trouver une attestation dans le discours de l'écrivaine elle-même sur son œuvre. Nous nous référons à l'un de ses entretiens. On lui demande si elle est hantée par les souvenirs de votre fuite en bateau. Elle répond que non qu'elle (et tous les autres aussi) se sent bénie d'avoir survécu et d'avoir eu cette expérience. Elle ajoute que sans cette expérience elle ne serait pas devenue la personne qu'elle est maintenant. Elle explique sa transformation d'enfant faible et maladive avant la traversée à l'être beaucoup plus forte qu'elle est devenue après.

Question suivante : « *Est-ce alors une sorte de résilience ?*

Réponse de Kim Thúy : « *Mais résilience, j'ai l'impression que c'est conscient, que c'est volontaire la résilience, je ne sais pas, je me trompe peut-être. Comment est-ce qu'on définit le mot résilience ? Dans ma tête, c'est toujours quelqu'un qui a une volonté, alors que moi je n'avais pas la volonté de devenir plus forte, c'était naturel. Oui, c'est venu avant même que je sois capable de réfléchir* » (Dusaillant-Fernandes, 2012).

Dans ce même entretien, elle précise que les souvenirs de ce passage douloureux de son existence reviennent mais de façon positive, qu'ils sont intégrés dans le quotidien, et que tout cela l'a construite : donc, réviviscence émotionnelle curative, déminage des zones sensibles de la mémoire et réintégration autobiographique. Elle confirme que cette expérience n'est pas pour elle négative, que c'était comme ça et que c'est simplement du vécu, qu'ils ont toujours vu le côté positif des choses. Plus loin, parlant de ce qu'elle n'a pas pu réaliser de son enfance vietnamienne, elle déclare qu'elle n'a pas des chagrins que ce sont uniquement des aspirations non assouvies d'enfance : donc, quête de sens et élucidation.

Plus loin encore, elle dévoile « je *dis ce que je pense spontanément* » (*ibid.*). À propos de sa rencontre avec le lecteur, elle confie *« les autres m'aident à comprendre ou à faire mon portrait. C'est comme si tout à coup je me vois dans un miroir* » (*ibid.*) : donc, lien positif partagé avec soi-même et le lecteur. Sur l'écriture de *Ru*, elle confirme « *je me suis donnée la liberté de jouer avec les mots, … Parfois le mot est tellement beau qu'il peut sublimer un détail de l'histoire* » (*ibid.*). Elle commente aussi que *Ru*, avec une écriture simple, « *c'est un livre qui parle de sensation plus que de connaissance* » (*ibid.*) : donc, autonomie et autogestion, mise en mots libératoire.

4.3. Processus différé, progressif et ambivalent dans « Sur Place »

4.3.1. Préparation au processus de résilience psychologique dans « *Sur Place* »

Dans Sur Place, l'héroïne n'est pas préparée à développer une attitude résiliente. C'est dans le feu du stress de son retour qu'elle va recevoir le soutien affectif de Phuong une autre Việt Kiều, une autre Vietnamienne de l'étranger. En effet, l'enfance de Loan a été une suite de frustrations, de blocages et d'expériences négatives pour la personnalité. La relation mère-fille est conflictuelle peu chaleureuse et desservie par les absences fréquentes de la mère. Le lien avec sa grand-mère ne compense pas ce manque.

Il faudra attendre son mariage pour que la dimension relationnelle favorable à la résilience soit activée. Malheureusement pour Loan, elle fait le voyage seule. Et se retrouve vulnérable au Vietnam. Les contacts téléphoniques ne pouvant amortir que très partiellement ce sentiment.

La rencontre de Phuong, sera réellement salutaire pour Loan. Mais elle ne demeure qu'un temps à Hanoï, où habite Phuong. Phuong prépare psychologiquement Loan : « *Alors, sans plus se ressentir, elle se laisse aller, pleurant tout haut comme un enfant, la bouche déformée, s'étranglant presque entre deux hoquets. – Oh ! Phuong ! Phuong ! C'était horrible ! Horrible ! – Chut ! … Ne parle pas… Respire… Là !... Là !... Calme-toi… - Ils m'ont lynchée !... Pour une cigarette !... – Ne bouge pas… Reste tranquille… C'est ça… C'est bien… Je suis là…* » (Doan, 2003, *op. cit.*, p. 105).

Un autre exemple est le passage au début du chapitre III où on peut voir que la main tendue par Phuong donne à Loan l'élan nécessaire pour oser s'élever au-dessus des brumes, sur les hauteurs de Sapa. C'est à Sapa, que Loan va vivre l'expérience déterminante de la découverte de son Viêtnam intérieur, personnel et permanent. Cela l'aidera à dépasser ses blocages identitaires et son drame de l'instabilité ambivalente.

Les blocages de Loan et son instabilité vont d'ailleurs pénaliser ces réponses directes aux agressions traumatisantes.

4.3.2. Exposition et endurance à la menace traumatique dans *Sur Place*

Durant son retour au Viêtnam, les premières réponses de Loan aux situations traumatisantes seront inappropriées. Par exemple, le contact téléphonique avec son Oncle Vinh l'a fait fuir. Les rejets par ses compatriotes l'ont déstabilisée. Elle fait prioritairement appel aux tactiques les moins positives pour se défendre : le déni, le retrait, l'évitement, le dédoublement, la projection, les conduites à risques. Ainsi, elle refuse longtemps de se reconnaître comme Việt Kiều. Elle va jusqu'au mensonge, se disant Japonaise ou née en France, ou ignorant le Vietnamien. Elle se présente à Tuan, un ancien combattant du Nord lui rappelant son père, comme se nommant Phuong. Cela la protège, c'est une projection basée sur un ancrage affectif. C'est une manière d'investir les capacités de résilience de Phuong, mais c'est sur la base d'une usurpation d'identité.

Elle va recourir à l'évitement en restant par exemple enfermée trois jours sans manger dans l'hôtel, en choisissant plusieurs fois la fuite face à l'adversité. Elle sera en proie à des états d'hypersensibilité et d'hyper-vigilance contre la désignation comme Việt Kiều. Elle va surtout basculer dans les conduites à risques : comme l'absorption exagérée d'alcool, l'ingestion risquée de viande de chien et de serpent, agressions verbales et une relation sexuelle violente et risquée avec Tom, l'ancien GI repenti.

4.3.3. Clarification, réintégration et renouvellement de l'être dans *Sur Place*

À travers les chocs psychologiques, les réminiscences émotionnelles, les cogitations investigatrices, Kim Doan va lentement amener son personnage à un processus de clarification, de transformation et de reconstruction. Dès le début du roman, dans l'avion, les amorces sont posées avec l'élaboration mentale d'un itinéraire de visite qui fait fondre progressivement l'angoisse et les crispations. Si l'invasion traumatique va très vite se déclencher avec la perception de la voix de l'oncle Vinh au téléphone, les fréquentes réminiscences seront l'occasion d'une continuelle recherche de sens.

En fait, au-delà des réactions d'urgence et de sauvegarde souvent illusoires, Loan poursuit une tentative d'élucidation de ce qui lui arrive en liaison avec ces souvenirs. Elle veut comprendre sa marginalisation comme 'Việt Kiều, son histoire familiale déstructurée, l'histoire de son pays d'origine et surtout le silence scandaleux de sa grand-mère face au comportement incestueux de son oncle.

Après sa charge exagérée contre ses compatriotes et contre Emma et Paul, une première demande de pardon encore embrouillée émerge. Après la torture mentale de Tom et l'accouplement brutal avec lui, elle revisite partiellement son enfance. Elle se voit mieux dans le miroir et là aussi s'excuse sincèrement, une partie de son masque est tombée elle est déjà plus au clair avec elle-même. Lors du contact téléphonique avec sa grand-mère, elle va mieux gérer et mentaliser la situation et admettre le silence vieux de vingt-quatre ans de cette dernière. Elle trouve même des vertus au silence. Sa relation à sa grand-mère se clarifie dans sa double dimension d'affection et de ressentiment. Loan mentalise qu'il faut encore du temps pour que les blessures extrêmes se cicatrisent et elle l'intègre.

À partir de ce moment, dans le chapitre X, Kim Doan se livre, par analogie, à un véritable développement psychothérapeutique d'attribution de sens, de déminage de zones sensibles de la mémoire, de réintégration des souvenirs et de réorientation positive du devenir. Nous l'avons résumé à la fin de la présentation de l'ouvrage. Tout le vécu de Loan y passe progressivement pour une démarche de dépassement psychique spécifique.

4.3.4. Appréciation du type dominant de dépassement dans *Sur Place*

La clôture du roman *Sur Place* est explicite. Loan a réalisé un dépassement des blessures traumatiques qui paralysaient le développement de son être. Son identité n'est plus problématique « *Elle peut désormais être double, sans se dédoubler (…) Chez elle, c'est dans sa propre peau* » (*ibid.,* p. 304). Sa relation à ses deux parents est réconciliée, souffrance et amour : « Des liens la rattachent à ces deux-là, les liens de sang bien sûr, mais aussi des liens de souffrance et d'amour, des liens qu'elle ne craint plus aujourd'hui d'appeler des liens de famille » Sa vie entière est réintégrée « *depuis les lointains premiers jours de l'enfance jusqu'à ce tout dernier jour de voyage* » (p. 291). Ces pleurs même sont « *des larmes heureuses, paisibles, de réconciliation avec elle-même* » (*ibid*). Dans sa tunique traditionnelle de soie rouge, elle est indubitablement semblable à toute authentique vietnamienne. Un jour, la meurtrissure avec sa grand-mère sera soulagée. Mais ce résultat a mis plus de vingt ans à se réaliser puisque l'abandon par son père date de ces quatre ans, la forfaiture de son oncle date de ses six ans et sa mère est morte un an avant le départ en exil, quand elle avait neuf ans. Le dépassement est donc différé.

De plus, il n'est obtenu qu'au dernier chapitre, au terme de trois semaines de périples et d'événements, sur place, au pays natal. Il a fallu tout l'enchaînement fragmenté et accumulé des rencontres et des évitements, des événements vécus et mentalités, des réminiscences émotionnelles clarifiées pour amener un tel dépassement qui est donc progressif. Loan n'a pas évacué des situations où des évocations de manière immédiate ou spontanée.

Si elle pense mieux saisir maintenant les choses, elle reconnaît qu'il y a encore de l'obscurité qui sans doute se perpétuera encore et l'oncle violeur continuera d'évoluer en toute impunité, protégé par le double silence de sa mère et de sa nièce. Là, il n'y a pas encore de pardon, d'excuse ou de réconciliation. Une ambiguïté demeure et donne un double visage à la situation. Nous avons donc conclu à un dépassement différé, progressif et ambivalent dans ce parcours de lecture. Le titre *Sur Place*, nous semble une image symbolique de cette démarche de dépassement. Nous le commentons grâce à la clôture du roman : « *En fermant les yeux, elle se souvient de sa découverte, dans les hauteurs brumeuses de Sapa, d'un Vietnam intérieur qu'elle abriterait en elle. Elle croit comprendre un peu mieux aujourd'hui, mais c'est encore obscur et cela restera sans doute à jamais obscur, comme demeurera éternellement obscur l'instant de sa naissance* » (p. 308). Revenue après vingt ans au Vietnam natal, Loan est dans l'avion du retour. Sa conscience et sa mémoire font le point en cette fin de séjour. Elle a affronté et dépassé progressivement sur place, au Viêtnam, les traumatismes de son histoire. Elle a fini par découvrir « *Sur Place* », à Sapa, un Viêtnam authentique qu'elle porte à l'intérieur d'elle-même. Maintenant, de manière différée, cela l'éclaire et la libère. « *Sur place* », c'est donc aussi et surtout, intimement, en elle-même. Ce sur place en elle-même dépasse son sur place physique au pays par un voyage intérieur, un déplacement sur place, mais aussi cette intériorité identitaire ne se réalise que, sur place, au pays.

Cependant, il y a encore et il y aura encore des zones d'ombres et d'ambiguïté. Le paradoxe et l'ambivalence mais aussi la clé incorporée dans le récit et dans le titre sont justement préfigurés dans la citation philosophique de Soren Kierkegaard, en exergue du roman. Cette mention est tirée du livre qui propose une voie de sortie du désespoir, *La Maladie à la mort et est* placée en préface : « *Devenir, c'est un mouvement en partant d'un point ; mais devenir soi-même, c'est un mouvement sur place* » (*ibid.*). Ainsi, le trauma psychologique d'exil peut aussi être surmonté par la médiation d'une œuvre littéraire. C'est le projet qui semble se dégager du roman de Kim Doan, *Sur place*, dont l'inspiration biographique transparaît. La personnalité de Loan actualise à retardement la capacité de résilience et surmonte son passé traumatisant dans une démarche progressive qui assume les ambivalences de son être au monde.

4.4. Processus différé, subit et ambivalent dans « Kriss »

4.4.1. Préparation au processus de résilience psychologique dans « *Kriss* »

Nous le verrons parler de processus de résilience psychologique dans *Kriss* n'est pas évident. Cela veut dire que repérer la démarche de préparation à la résilience ne va pas non plus de soi. Cependant, nous avons bien une transformation de situations antérieures et nous avons aussi des prédispositions pour une option de résolution du conflit. Pour Kriss, la protagoniste éponyme, l'évacuation du traumatisme causé par la mort de son père consiste dans le meurtre de sa mère. Elle organise par l'intermédiaire de « Faithfull » donc une préparation de Stan, la main qui va agir. Elle-même, elle se prédispose à la pleine jouissance de la vengeance. Famke aussi, qui connaît le plan de sa fille, se prépare à la rencontre de son fils. Mais cette préparation sera totalement annihilée par le retournement de Stan à l'occasion de son retour.

Le prologue animé par les trois vétérans américains du Vietnam a ancré le récit dans l'univers clos et infernal de l'état de stress post-traumatique. « *...Personne ne sait que la nuit mon oreille hurle. Faites-la taire cette femme qui crie parce que on lui a amputé les deux* *bras. Faites-la taire, elle sanglote parce qu'on lui a annoncé qu'avec ses seins calcinés elle ne pourra pas allaiter son bébé. Faites-la taire ! Ce n'est pas moi. Ce n'est pas moi qui l'ai arrosée de napalm. Ce n'était pas moi. J'avais bien vu qu'elle ne faisait que couper de la canne à sucre* » (Linda Lê, 2009, *op. cit.*, p. 13).

Puis le retour de Stan est annoncé, attendu par Kriss et Famke, également prisonnières de l'horreur haineuse du souvenir traumatique du meurtre du père et du mari. « *Tu sais de quoi je suis capable. Nous sommes de la même étoffe. Tu es bien la fille de ta mère* » (*ibid.*, p. 38). « *Tu me veux complice de tes crimes. Tu fais appel au sang. Mais mon sang s'est figé depuis cette nuit où tu as criblé de balles le corps de mon père…* » « *…Tu es le serpent que j'ai enfanté et qui me mord sans cesse au talon. Tu m'as pris l'amour de mon mari. Tu sifflais à ses oreilles des airs charmeurs. Tu as enlevé mon fils et tu veux l'armer contre moi* » (p. 39) « *Où est Stan ? Qu'il revienne ! Qu'il revienne vite mettre fin à ce spectacle obscène* » (p. 43). Stan revient, mais, reste sous le masque protecteur d'un ami anonyme, il annonce qu'il est mort. Il a rejeté le fardeau familial de la rancœur et de la justice vengeresse. Sous la guidance de Faithful, le mentor missionné par Kriss pour le formater à la vengeance, il a essayé de comprendre les tenants et les aboutissants de l'affaire.

Mais il a fait preuve d'autonomie et de discernement face aux paradoxes de l'histoire. Il est allé jusqu'à la frontière vietnamienne et partout où il fallait pour devenir perspicace, ce qui est un indicateur de résilience. Il est pénétré de l'absurdité des choses : « *J'ai vu des étudiants déchirer leur carte militaire. Des vétérans rentrent tête basse. Et maintenant je vois les Vietnamiens fuir sur des rafiots. Quand la mer ne les engloutit pas, les pirates se chargent de les massacrer* » (p. 54).

Pour lui, le jeu ne vaut pas la chandelle et surtout il est effrayé de l'outrance des femmes, sa mère et sa sœur comprises. Il est terrorisé de ce dont il a vu le genre féminin capable. Il est incapable d'aimer et s'est réfugié dans l'étude des insectes. Ni Kriss ni Famke ne sont préparées à cela et surtout pour Kriss le choc est terrible et subit : « *Mort ? C'est impossible. Il n'a pas le droit. Je l'attends* » (p. 69). Il va falloir après dix ans de prédisposition répondre à la situation imprévue, changer d'orientation, s'adapter pour surnager.

4.4.2. Exposition et endurance à la menace traumatique dans *Kriss*

Linda Lê a choisi une forme d'écriture qui se rapproche de l'expression théâtrale pour mettre en mots cette évocation douloureuse de l'emprise traumatique et sa tentative poignante d'évacuation. C'est qu'elle sait par expérience l'essentialité du travail de verbalisation et du travail sur l'émotion pour activer une dynamique de résilience et enclencher dans le psychisme des démarches thérapeutiques. Avec la scène dramatique, elle ouvre un espace de mise en jeu de l'autonomie de l'être d'émotion, de pensée et de parole face à l'apparente fatalité écrasante du trauma. Linda Lê sait qu'il est possible de s'extraire d'une situation de désespoir.

Elle a expérimenté que bien souvent l'irréversibilité est une construction mentale et qu'une déconstruction reconstruction même partielle est à portée du désir d'ajustement et de rebondissement. Elle va donc d'une part mettre en scène l'enfermement morbide de la mémoire traumatique. D'autre part, elle va témoigner de la nécessité d'user de recours apparentés à des procédures thérapeutiques pour faire face à la déstabilisation subite du stress. Pour Kriss et Famke, le choc traumatique est double, le choc ancien de la mort du père et du mari et le choc subit et actuel de la mort de Stan donc de la non vengeance. Face à Stan anonyme, mais juge de son crime, Famke va déployer une série de défenses préservatives comme le déni, l'indifférence, la dérision ou le renversement et même l'ancrage affectif et la moralité. Elle parlera de la mort et non du meurtre de son mari. Elle évoquera l'enlèvement de Stan par Faithfull plutôt que sa fuite après l'horreur du meurtre. Elle opposera son amour maternel pour Stan jusqu'à ses dix ans. Elle montrera de l'indifférence à l'annonce de sa mort en projetant sur Kriss la responsabilité de cette indifférence.

Elle usera de la dérision en évoquant l'effet que fera sur Kriss l'annonce de la mort de son frère. Elle invoquera que moralement les enfants n'ont pas à juger les parents. Puis, elle développera des réponses plus élaborées pour donner sens à la situation.

Kriss, quant à elle, va fortement opposer un déni à l'idée de la mort de Stan. Elle fera même appel à la croyance pour attester du retour assuré de Stan vu en rêve poignard en main, entrant avec elle dans la chambre de Famke. Elle ira dans son dépit et comme parade jusqu'à accuser son frère de lâcheté et de trahison. Elle fera preuve de dérision et d'humour quand le pardon sera évoqué par Stan. Mais ce point lui demandera une démarche de mentalisation et une tentative d'élucidation de l'événement. Nous examinons donc les démarches de clarifications et d'attribution de sens à la situation nouvelle.

4.4.3. Clarification, réintégration et renouvellement de l'être dans *Kriss*

Entre Stan, kriss et Famke la mise en mot et la verbalisation va permettre une joute de clarification et d'interprétation du meurtre du père et mari. Famke va tenter de renverser l'image valorisante que Stan et Kriss ont pu avoir de leur père. Elle va dévoiler sa maltraitance à son égard, ses nombreuses infidélités et son attitude délibérée de bourreau et de tortionnaire au Viêtnam. Elle va positiver son attitude à elle en montrant son altruisme en faveur des Vietnamiens martyrisés, son action anti-guerre. Elle va aussi justifier le meurtre du père par la volonté de protéger le petit Stan d'une influence barbare et néfaste. Elle va montrer l'amour qu'elle garde au fond d'elle pour son fils en révélant le souhait qu'elle a de le voir amoureux et tourné vers un devenir heureux. Elle va réinterpréter la vie détruite de Kriss en faisant valoir que c'est sa fille elle-même qui en est la responsable par perversité et désir de nuire à sa mère.

En fait, le mère et le fils dans un travail verbal vont clarifier les aspects de la mort du père, source de traumatisme. Kriss, quant à elle, va permettre à ce travail d'élucidation de se poursuivre jusqu'à vider le conflit entre la fille et la mère : « *C'est donc ainsi que se termine la tragédie qui m'a tant fait rêver. Quoi ? Il n'y aura pas de sang ? Il n'y aura pas de mère hurlant sous les coups de ses enfants ?...*» (p. 13). Et plus loin, dernière réplique « … *Viens, maman, Il se fait tard. Il faut que tu te reposes* » (p. 79). Stan, lui, aura clarifié même sans un assentiment partagé les fondements de sa position par un travail d'intellectualisation et de signification de ses options. Il aura aussi introduit les dimensions de pardon et de bienveillance dans un univers gangréné par la haine et la perturbation traumatique même s'il est lui-même atteint et continuera de craindre les femmes.

L'essentiel, c'est qu'il appelle et instaure un dépassement « *Peut-être qu'il n'a même plus eu l'envie de la poignarder. La tuer, c'eût été rester le fils qui doit venger le meurtre de son père et se conformer au rôle que vous, et même votre mère, voulez lui donner. Peut-être qu'il n'a plus envie de tuer comme son père l'a fait, en toute légalité et à grande échelle, puis comme sa mère l'a fait à son tour, pour se débarrasser d'un gêneur, en toute impunité. Il n'a plus envie d'être leur fils et de perpétuer la tradition du sang* » (*ibid.,* p. 76). Toutefois, il a mis en scène une punition psychique pour Famke qui demeure obsédée par l'image du Sphex terrassant le grillon. Son dépassement, différé après dix ans de trouble, demeure ambivalent avec un ancrage de négativité lié aussi à la manière subite dont il se manifeste à Kriss et à Famke. Elles sont cependant terrassées mais non enterrées, appelées à survivre avec une possibilité de rebondissement si elles laissent se décrisper en elle la capacité de dépassement et de résilience. Linda Lê a bien émergé du trauma de la mort de son père.

4.4.4. Appréciation du type dominant de dépassement dans *Kriss*

Compte tenu de ce qui vient d'être examiné, nous caractérisons le dépassement psychique de différé, subit et ambivalent dans *Kriss* de Linda Lê. Justement, Kriss qui est à la fois le nom porté par l'héroïne et le titre de l'œuvre, nous semble significatif du type de dépassement repéré.

En effet, le petit Larousse définit bien le kriss comme un « *Poignard malais à lame ondulée, en forme de flamme* ». Famke déclare à sa fille : « *Tu mérites bien le nom que ton père t'a donné. Tu traverses la vie comme une lame ouverte. Qui te caresse se coupe* » (p. 42). Kriss, la fille c'est donc, le poignard à la lame ondulée qui hante la pensée et le présent de Famke, la mère depuis dix ans. Kriss, c'est la violence obsessionnelle, la menace terrifiante d'une mort brutale, un souvenir et une actualité traumatique. Mais, cette lame ondulée a aussi la forme d'une flamme. Elle symbolise aussi le feu qui peut purifier toute chose, comme on dit, à travers une certaine destruction modificatrice. Il peut couver pendant dix ans et agir brusquement de manière foudroyante. Ce titre « *Kriss* » peut représenter ce dépassement différé, subit et ambivalent apporté par Stan, le fils et le frère qui revient, après dix ans, avec le « *Kriss flamme* » au lieu du « *Kriss lame* ».

Nous pensons que ce n'est pas par hasard, ce texte soit de Linda Lê qui par son vécu et son expérience peut s'exprimer telle une « psycho-écrivaine » capable de générer une telle expression de la résilience psychologique à travers sa narration et ses personnages et de donner une perspective de dépassement psychique qui témoigne de la sortie possible de situation de désintégration en renonçant à se complaire dans le rôle de victimes.

CONCLUSION

Résilience psycho-littéraire et résonance d'âme vietnamienne

Au terme de ce premier tome, nous sommes amenés à considérer que nous avons parcouru quatre tissages psycho-littéraires, *Riz noir, Ru, Sur place, Kriss*, qui nous délivrent une résonance de l'âme vietnamienne à travers ses potentialités humaines et ethniques de résilience.

Plus précisément nous avons le sentiment d'avoir cheminé avec ces quatre écrivaines d'origine vietnamienne, Anna Moï, Kim Thúy, Kim Doan, Linda Lê, dans une démarche d'écriture littéraire qui met en œuvre un dépassement de la mémoire traumatique liée aux violences tragiques de la guerre et de l'exil. C'est comme si ces autrices, animées de leur substrat patrimonial, développent, à travers la mise en texte, une quasi stratégie d'accompagnement psychologique des personnages et de déchargement clarificateur de la mémoire. Ainsi leurs créations littéraires semblent élaborer une médiation qui conduit à la fois à évoquer et à évacuer les puissances morbides qui colonisent conscient comme inconscient et traumatisent le sujet.

Que l'aventure expérimentée par les protagonistes soit contrariée, ratée, fantasmée, sublimée ou réussie, nous décelons une conduite cathartique de la mise en mots. Nous n'avons donc pas résisté à une tentative de rapprocher par analogie ces inventions littéraires avec certaines démarches de médiation psychothérapeutique qui visent à libérer ou amortir le souvenir traumatique. Bien sûr, ces procédures littéraires se développent dans leur espace propre et nous n'osons pas de confusion avec des domaines spécifiquement thérapeutiques.

Nous parlons de ressemblance et de parenté entre des objets de conscience fondamentalement différents. À travers les similarités et correspondances avancées qui croisent le champ proprement psychologique, nous avons donc proposé l'idée d'une écriture psycho-littéraire pour qualifier les stratégies de rédaction narratologique et stylistique rencontrées. C'est pour cela que nous avons examiné des approches de définition, de déchiffrement et de traitement des perturbations psycho-traumatiques en insistant sur le phénomène et la thérapie de la mémoire traumatique.

La mémoire saine ou pathologique est le matériau de base de la littérature. En modelant subjectivement la substance de la mémoire, l'écrivaine mobilise l'intellect mais aussi le sensible, l'affectif, le somatique, le psychique et le spirituel. Après une lecture-interprétation du vécu et du perçu, réel et/ou imaginaire, à travers un parcours d'écriture, relecture, réécriture, elle amène potentiellement l'être de mémoire, personnage, narrateur, auteur et lecteur, à différentes formes de dépassement de ses blessures et traumatismes.

Ainsi dans l'appréciation de l'écriture de chacune de nos quatre lectures nous avons cherché à dégager une démarche dominante de dépassement psychique face à l'offensive de la mémoire traumatique, c'est -à -dire une démarche particulière d'activation du processus de résilience psychologique. Dans *Riz noir* d'Anna Moï, nous avons convenu d'un dépassement immédiat, conscient et positif. Pour *Ru* de Kim Thúy, nous avons reconnu un dépassement immédiat, spontané et positif. En ce qui concerne *Sur place* de Kim Doan, nous avons distingué un dépassement différé, progressif et ambivalent. Enfin en ce qui regarde *Kriss* de Linde Lê, nous avons déterminé un dépassement différé, subit et ambivalent. Il y aurait donc convergence vers la résilience mais divergence dans la stratégie et le degré de réussite. Les rapprochements et les écarts nous permettent de regrouper d'un côté *Riz noir* et *Ru* et de l'autre *Sur place* et *Kriss.* Le point de rencontre des deux premiers est un dépassement immédiat et positif et leur point de différence est le dépassement conscient pour *Riz noir* et le dépassement spontané pour *Ru.* Le point de connexion des deux suivants est le dépassement différé et ambivalent et le point de distinction est le dépassement progressif pour *Sur place* et le dépassement subit pour *Kriss.*

Puisque nous pensons avoir repéré dans les quatre œuvres certaines analogies avec des démarches essentiellement thérapeutiques qui travaillent à dépasser la mémoire traumatique, nous pourrions paraphraser le Docteur Muriel Salmona pour résumer l'itinéraire de gestion des souvenirs douloureux et déstabilisants qui sont le matériau de base de nos textes romanesques. Bien sûr il y a à faire l'économie des dispositifs professionnels spécifiques et de la présence d'un psychothérapeute. C'est bien pour cela que nous avons établi, en 1.1.1, dans « quadrige actantiel piloté vers la résilience », une distinction entre ce que nous avons nommé « écriture thérapique ou psychothérapique » pour la création littéraire libre et autonome que nous considérons ici et « l'écriture thérapeutique ou psychothérapeutique » pour la rédaction encadrée ou accompagnée par des professionnels du psychisme.

Voici notre paraphrase de Muriel Salmona (2009) : Le traitement littéraire de la mémoire traumatique « *se fait en revisitant le vécu des violences, accompagné pas à pas par une écrivaine armée des potentialités thérapeutiques offertes par l'écriture et si nécessaire par un traitement poétique pour que ce vécu puisse petit à petit devenir intégrable car mieux représentable, mieux compréhensible, en mettant esthétiquement des mots sur chaque situation, sur chaque comportement, sur chaque émotion, en analysant avec justesse le contexte, ses propres réactions et le comportement de l'agresseur* » Il nous semble que, dans sa sphère, l'écrivaine (nous gardons le féminin vu nos référentes) peut fonctionner comme une quasi-réparatrice du psychisme. Elle permet de confirmer ainsi, analogiquement, ce que les spécialistes et les professionnels du psychisme découvrent, construisent et expérimentent dans les domaines du bien-être et de l'intégration socio-culturelle. C'est aussi ici le moment de re-souligner les connexions écriture-lecture.

En effet il y a lieu non seulement de mettre en avant le rôle de l'écriture avec ses potentialités libératrices mais aussi de relever l'importance associée de la lecture. L'écrivaine fait une lecture-relecture mentale préalable de ce qu'elle veut exprimer mais est aussi sa propre et première lectrice.

De fait, elle ne mène à bien son projet d'écriture qu'à travers un processus de lecture et relecture de sa rédaction artistique qui est donc à destination de soi-même et d'autrui. Par ailleurs, on admet de plus en plus que le lecteur lui-même, dans son acte de lecture, participe à la construction du sens. Leigh Ellen Weber que nous avons citée, en 1.4.2, à propos de « littérature et délivrance du passé traumatique » souligne l'importance du partage d'expérience avec le lecteur dans la transmission littéraire. On pourrait même aller jusqu'à voir le lecteur comme coopérateur de l'auteur et même, à l'extrême, co-auteur de l'œuvre qu'il aborde.

Cette perspective ne manque pas d'intérêt quand on explore les possibilités de dépassement psychologique du vécu traumatique à travers le penchant de la lecture littéraire. Mais notre lecture ne nous a pas mis en évidence seulement une convergence entre des stratégies narratives, des choix d'écriture et des démarches de prise en charge psychothérapeutique.

Nous n'avons pas manqué de remarquer, dans nos quatre récits francophones de racines vietnamiennes, une convergence entre résilience psychologique des sujets et résilience écologique de l'espace vietnamien. Qui plus est, dans ces cheminements littéraires d'évocation et d'évacuation de la mémoire traumatique liée à la guerre et à l'exil, nous avons aussi rencontré sur le plan anthropologique et historique une aptitude et une attitude sans cesse nourries de l'entité et de l'identité vietnamiennes à faire preuve de résilience face aux agressions extérieures.

Enfin bien que ce soit une langue étrangère, une langue de colonisation, le choix du français comme langue d'expression peut aussi se situer comme un apport convergent à la résilience psychologique de l'âme vietnamienne et même paradoxalement un facteur participatif et génératif de cette potentialité de résilience.

Il y a donc une présence entrelacée de ces quatre vecteurs, le psychologique, l'écologique, l'anthropo-historique, la linguistique, qui orientent vers la résilience à travers des stratégies narratives pour la résiliation de la menace ou de l'invasion traumatique.

De ce fait nous proposons, comme annoncé en préface, trois autres tomes en complément de ce premier qui est axé sur la résonance psychologique de l'âme résiliente vietnamienne à travers quatre œuvres francophones :

Tome 2. *Viêt Nam ! Une âme de résilience - 2*, Résonance écologique à travers quatre œuvres francophones

Tome 3. *Viêt Nam ! Une âme de résilience - 3*, Résonance historique à travers quatre œuvres francophones

Tome 4. *Viêt Nam ! Une âme de résilience - 4*, Résonance linguistique à travers quatre œuvres francophones.

BIBLIOGRAPHIE

ANAUNT. M., (2002), *Élaboration du traumatisme et utilisation de l'humour dans le processus de résilience*, in Roland Coutanceau et al., « *Trauma et résilience* », Paris, Dunod, p. 5.

ANAUT M. (2002), « *Résilience, transmission et élaboration du trauma dans l'écriture des enfances blessées* », *psy*, 41, 5, p.308-388.

ANAUT M. (2007), « *La Résilience, Surmonter les traumatismes* », Paris, Armand, colin, coll. Psychologie-128, 2 e éd. Réactualisée.

ARGRAND. C., (1999), « *Entretien avec Linda Lê* », Lire, n° 274, Paris, p 28-33.

ASSIER. J., (2010), *Déambulation parisienne d'une fille entre deuil et mélancolie dans Voix de Linda Lê, Metropolis, Patropolis, Ivresses et déambulations des filles et des fils* », Créations au féminin, Gradiva. Paris. p. 9.

BOKANOWSKIT T. (2002) « Traumatisme, traumatique, trauma », *Revenue française de psychanalyse,* 66, 3, p.743.

BOKANOWSKIT T. (2005) « Variations sur le concept de traumatisme : traumatisme, traumatique, trauma », *Revenue française de psychanalyse,* 2005/3, vol.69, p.891.

BURGELIN. C, (2001), « Comment la littérature invente la mémoire, in La mémoire et l'oubli : comment naissent et s'effacent les souvenirs », *Revue, la Recherche*, n° 344, juillet- août, pp.78-81.

CELAN. P., (1995) *Todesfuge*, Gedichte in zwei Bänden. Erster Band, Frankfurt am Main, Suhrkamp.

CHIDIAC. N., (2013) « *Ateliers d'écriture thérapeutique* », Paris, Elsevier Massons.

COUTANCEAU.R. et al., (2012), « *Trauma et résilience : victimes et auteurs* », « *Mémoire traumatique et victimologie* », Paris, Dunod, p 113-120.

CROCQ. L., (1999), « *Traumatismes Psychiques de guerre* », Paris, Odile Jacob.

CROISILE. B., (2009), « *Tout sur le mémoire* », Paris, Odile Jacob.

DECAM. L., (2012), « *De la névrose traumatique à l'état de stress post-traumatique : étude d'une population de consultants aux urgences psychiatriques* », dumas-00735781 Human health and pathology., HAL.

DOAN, K. (2003) *Sur place*, Paris, Plon.

FONTAINE. M, LAMBERT M.-E. (2012) *Kim Thúy l'Encyclopédie Canadienne, mis à jour par Clayton Ma* (2023).

FRANCES. A et PINCUS. H.A, (2006) « *DSM-IV-TR Manuel diagnostique et statistique des troubles mentaux* », Issy-les-Moulineaux, Masson.

GREIMAS, A. J. (1966), « *Sémantique structurale* », Paris, PUF.

LARROQUE. M., (1993), « *Le temps et la névrose selon Pierre Janet in Hypnose suggestion et autosuggestion* », Paris,Harmattan.

Le BRIS. M, ROUAUD. J, (2007) *Pour une littérature*, Paris, Gallimard, pp. 243-249.

LÊ, L, (1999), *Lettre Morte*, Paris, Christian Bourgois, pp. 10-11.

LÊ, L., (2004), kriss, Paris, Christian Bourgois.

MANCIAUX. M., (1998), « *La résilience : mythe ou réalité* » in B. CYRULNIK, *Ces enfants qui tiennent le coup*, Paris, Hommes et perspectives, p. 109-120.

MARINOLLI LEON. D., (1994), « *On n'écrit pas pour rien, Orthophonie et atelier d'écriture* », in Dialogue, n°123,1er trimestre, revue, pp. 66-80.

MOÏ. A, (2004), *Riz Noir*, Gallimard, Paris, p. 74 - 206.

MOÏ. A, (2006), *Espéranto, Désespéranto : La Francophonie sans le Français*, Gallimard, Paris, p. 43.

MOÏ. A, (2012), *La montagne sacrée, Nostalgie de la rizière*, Tour d'Aigues : L'Aube. pp. 51-52

MOÏ. A, *Espéranto, Désespéranto,* (2006), Gallimard, Paris, p.12

MOÏ. A, *L'Écho des rizières*, (2007) éditions de l'Aube, Paris, La Tour d'Aigue.

NOIVILLE. F, (2009), *Pourquoi ils écrivent en français*, Paris, Le monde des Livres.

OVIDE, (2006), *Les Métamorphoses*, Paris, Éditions d'Anne videau.

PEREIRA – E. D in Interview et Baptiste Chrétien in *Texte biographie*, (2011) Anna Moï, Bibliothèque francophone multimédia de Limoges.

PHELPS EA., (2006), « *Emotion and cognition: insights from studies of the human amygdale* », Annual Review of Psychology, 57, pp. 27-53.

PHELPS, E.A., LEDOUX, J.E, (2005), « *Contributions of the amygdale to emotion processing: from animal models to human behavior* », Neuron 48, pp. 175-187.

Radio-Canada, (2023) « *Kim Thúy dans les six finalistes pour l'International Dublin Literary Award* » Canada. Radio-Canada.

REVAULT. J. V., (2003), « *La guérison par l'écriture* », Paris, Jouvence.

ROYER. H., (2011) *« Je reviens bientôt »* Paris, Michalon.

SALMONA. M et Patrice LOUVILLE, (2013), « Traumatismes psychiques : conséquences cliniques et approche neurobiologique », n°176, *Revue Santé mentale.*

SALMONA. M, (2008) « Mémoire traumatique », in *L'aide – mémoire en psychotraumatologie*, Paris, Dunod.

SALMONA. M, (2009b) « Combattre la violence : Lutter contre les violences passe avant tout par la protection des victimes », *Mémoire traumatique et victimologie* ».

SALMONA. M., (2003), « *Psychotraumatismes* », la revue Santé Mentale, le n°176.

SALMONA. M., (2008), « *La mémoire traumatique* », article écrit pour le Centre Primo Levi.

THÙY. K, (2009) *Ru*, Canada, Liana Levi.

TON-That, THAN-Vân, (2009), *A Feminine View of war between two cultures, in Peter Collier, Anna Magdalena Elsner & Olga Smith* (édité par), *Anamnesia : Private and public Memory in Modern French Culture*, Bern, Peter Lang, pp. 217-227.

TOUSIGNANT. M., (1998), *Écologie sociale de la résilience*, in B. Cyrulnik et al. (Eds.), *Ces enfants qui tiennent le coup, Revigny-sur-Ornain, Hommes et perspectives*, New York, Cambridge University Press.

VAILLANT. G., (2000) *Adaptive mental mechanisms.* Their role in a positive psychology. American Psychologist, pp. 55, 80-98.

Valérie Dusaillant-Fernandes, (2012) *Habiller le vécu de mots et d'images : le projet de Kim Thúy,* voix plurielles 9.2, université de Waterloo, Toronto, Canada.

VAN DER KOLK B.A et VAN DER HART O., (1991), « *The intrusive past: The flexibility of memory and the engraving of trauma.* American Imago », 48, pp. 425-454.

WEBER. L.E., (2010), « *Ecrire le traumatisme : pour une étude de l'incompréhensible chez Soucy, Duras, Mavrikakis et Perec* », mémoire de master, Queen's University, Kingston, Ontario, Canada.

SITOGRAPHIE

www.bm-limoges.fr/espace-auteur/moi/auteur-biographie

www.calq.gouv.qc.ca

http://www.christianbourgois-editeur.com/fiche-auteur.php

http://www.culturecommunication.gouv.fr/Ministere/Services-rattaches-a-la-ministre/Section-des-distinctions-honorifiques

https://dumas.ccsd.cnrs.fr/dumas-00735781v1

http://www.larousse.fr/dictionnaires/francais/kriss/45696

http://www.lemonde.fr/livres/article/2009/03/20/pourquoi-ils-ecrivent-en-francais_1170385_3260.html

http://www.lexpress.fr/culture/livre/linda-le_803102.html

http://memoiretraumatique.org/psychotraumatismes/memoire-traumatique.html»

http://www.memoiretraumatique.org/psychotraumatisme/conduites-a-risques.html

http://memoiretraumatique.org/memoire-traumatique-et-violences/combattre-la-violence.html

www.quebec.ca

Table des matières

À PROPOS DE L'AUTEUR

Dr. Stella Regi ELIAH, Docteure en Philosophie de Littérature Francophone, entrepreneuse, formatrice enseignante polyvalente en apprentissage des langues, traductrice plurilingue, chanteuse - guitariste et instructrice en musique, Responsable en Gestion de Projets auprès du Project Management Institute (PMI), États-Unis. Chercheuse.

Daniel FATNA, Enseignant en retraite, Originaire de Martinique, a vécu en Guyane et à Pondichéry. Diplômé en Langues et Culture Régionales Créoles, Sciences du Langage, Français Langue Étrangère, animation socio-culturelle et éducative. Écrit, dans ce cadre, des textes poétiques et mélodiques en créole et en français depuis les années 70.

www.ingramcontent.com/pod-product-compliance
Ingram Content Group UK Ltd.
Pitfield, Milton Keynes, MK11 3LW, UK
UKHW021402190726
13845UKWH00028B/825

9 789334 229608